Rathjen · Licht und Schatten

Friedhelm Rathjen

Licht und Schatten

Fünf Studien zur literarischen Kunst des Übersetzens

2019

Die hier versammelten Studien wurden folgenden Bänden entnommen:

Friedhelm Rathjen: *Dritte Wege. Kontexte für Arno Schmidt und James Joyce* (Edition ReJoyce, Bd. 6)

Friedhelm Rathjen: *weder noch. Aufsätze zu Samuel Beckett* (Edition ReJoyce, Bd. 7)

Friedhelm Rathjen: *Quadratur des Kreises. Zum Übersetzen* (Edition ReJoyce, Bd. 28)

Friedhelm Rathjen: *Triplin' Dublin. Nach- und Überträge zu James Joyce und Samuel Beckett* (Edition ReJoyce, Bd. 57)

rejoyce pocket
rjp 7

Bibliografische Information der Deutschen Bibliothek:

Die Deutsche Bibliothek verzeichnet diese Publikation in der Deutschen Nationalbibliografie; detaillierte bibliografische Daten sind im Internet über <http://dnb.ddb.de> abrufbar.

EDITION ReJOYCE Südwesthörn 2019
rejoyce@gmx.de
Satz, Titelfoto und Umschlaggestaltung: Friedhelm Rathjen
Herstellung: Books on Demand GmbH, Norderstedt
ISBN 978-3-947261-16-1

Inhalt

Weh dem Übersetzer, der deutet! Grundsätzliche Überlegungen, dargelegt anhand von Pound, Joyce, Schmidt und Beckett

Als Literaturübersetzer bin ich nie Herr im eigenen Haus, sondern immer Diener. Stellt sich die Frage: wem habe ich zu dienen? Den Lesern, sagen die einen. Dem Autor, sagen die anderen. Ich aber sage: dem Text, und zwar ausschließlich. Ich übersetze nicht für jene Teile der Leserschaft, die Schwieriges vereinfacht und Rätselhaftes aufgeschlüsselt haben wollen – was schwierig und was rätselhaft ist an einem Text, das bleibt es auch in meiner Übersetzung. Und wenn ich einen Text übersetze, dann übersetze ich nur diesen Text und nicht die geheimen Intentionen oder nachträglichen Ansinnen seines Autors. Vom Autor will ich nur das wissen, was in seinen Text eingegangen ist. Am liebsten sind mir deshalb tote Autoren, denn sie können mir nicht reinreden in meine Arbeit.

Eva Hesse hatte es da schwerer, als sie mit ihrer jahrzehntelangen Übersetzung des Werks von Ezra Pound begann. Als sie Pound fragte, was er an einer bestimmten Stelle gemeint habe, und dann nach Erhalt der Antwort bemängelte, das Gemeinte sei aber mit dem Geschriebenen nicht in Einklang zu bringen, bekam sie von Pound die Anweisung: „Damn it – don't translate what I wrote, translate what I meant to write."[1] („Verdammt – übersetzen Sie nicht, was ich geschrieben habe, übersetzen Sie,

1 Hannes Hintermeier, „Warum kommen Sie nicht von Pound los? Im Gespräch: Eva Hesse", in *Frankfurter Allgemeine Zeitung* 180 (4. August 2012), S. Z6.

was ich schreiben wollte.“) An diese Anweisung hat sich Eva Hesse nach Kräften gehalten, und im Resultat führt das zu zweifelhaften übersetzerischen Entscheidungen bis hin zu etlichen Stellen in den Cantos XVIII und XIX, an denen Hesse für die von Pound verwendeten Decknamen wieder die Klarnamen der gemeinten Personen einsetzt.[2] Das, was Eva Hesse hier macht, ist Deutung, Interpretation, Kommentierung; als solches mag es hilfreich sein – als Übersetzung hingegen ist es ein klarer Verstoß gegen die Regel, daß der Text und nur der Text übersetzt wird.

Stellen wir uns vor, in einem zu übersetzenden Text sei folgender Wortlaut zu finden: „Das rote Pferd schwang sich von Ast zu Ast.“ Wenn ich als Übersetzer den Autor frage und dieser mir mitteilt, er sei farbenblind und kenne sich in der Fauna nicht aus, eigentlich habe er eine schwarze Eule gemeint – was darf oder muß ich mit dieser Auskunft anfangen? Wäre mein Autor Ezra Pound, so würde er von mir verlangen, daß ich in der Übersetzung aus dem roten Pferd eine schwarze Eule mache; der Text wäre damit verdorben, sein spezieller Reiz dahin. Als Übersetzer weigere ich mich deshalb, den Autor danach zu fragen, was er „gemeint“ hat oder was er „eigentlich“ hätte sagen wollen; für mich zählt das, was der Text sagt und wie er es sagt, also übersetze ich: „Das rote Pferd schwang sich von Ast zu Ast.“

Natürlich bietet ein solcher Satz, wenn ich ihn in einem Text lese, Deutungsspielraum, es besteht Interpretationsbedarf. Jeder Leser des Satzes wird diesen auf irgendeine Weise zu deuten versuchen. Soll das rote Pferd vielleicht eine symbolische Umschreibung für den Feuerball der

---

[2] Vgl. Ezra Pound, *Die Cantos*, üb. v. Eva Hesse u. Manfred Pfister, ediert v. Manfred Pfister u. Heinz Ickstadt, kommentiert v. Heinz Ickstadt u. Eva Hesse, zweisprachige Ausgabe (Zürich, Hamburg: Arche 2012), S. 126-137; außerdem den Kommentar ebd., S. 1223.

Sonne sein, der hinter dem Geäst eines Baumes aufgeht? Könnte es sein, daß hier von einem Indianer namens Totes Pferd de Rede ist, der in einem Baum herumklettert? Symbolisieren die Äste etwa die Jahre eines kreatürlichen (verwundeten und blitzschnell wie ein Pferd dahinschnellenden) Lebens? Als Leser darf man solche Spekulationen anstellen, wie konsistent oder inkonsistent sie bei näherer Betrachtung auch sein mögen; als Übersetzer hingegen sollte ich all das vermeiden, unwillkürlich sich einstellende Deutungen muß ich unterdrücken. Ich darf nicht anders übersetzen als eben mit der präzisen Wiedergabe: „Das rote Pferd schwang sich von Ast zu Ast.“ Den Lesern meiner Übersetzung bleibt es überlassen, ebenso verwirrt zu reagieren wie die Leser der Originalfassung; und sie dürfen an dem übersetzten Satz ebenso herumdeuteln. Indem ich als Übersetzer selbst keine Deutung vorgebe, keine Erklärung liefere, die nicht schon im Originaltext steht, wahre ich das Bedeutungsspektrum (oder gegebenenfalls auch die Bedeutungsverweigerung) des Originals, und genau das ist mein Ziel. Ich nehme bewußt *keine* Deutung des zu übersetzenden Textes vor, weil jede Deutung eine Bedeutungsverengung ist, eine Festlegung auf eine von mehreren möglichen Bedeutungszuweisungen. Wenn ich mich auf eine Deutung festlege, verhindere ich andere Deutungen, und eben das darf ich als Übersetzer nicht. Der ideale Übersetzer deutet nicht. (Wobei gern eingeräumt sei, daß es einen solchen idealen Übersetzer nicht geben kann, denn man kann schlichtweg nicht nicht deuten; wer gesprochene oder geschriebene Sprache zur Kenntnis nimmt, nimmt unwillkürlich Deutungen vor – die Aufgabe des Übersetzers ist es folglich, sich die eigenen unwillkürlichen Deutungen bewußt zu machen und sie aus der Übersetzungsarbeit herauszuhalten, so gut es geht.)

In einem Aufsatz zur Übersetzungsarbeit an *Finnegans Wake*, dem schwer zu durchdringenden Spätwerk von James

Joyce, bin ich sogar noch einen Schritt weitergegangen und habe behauptet, der ideale *Finnegans-Wake*-Übersetzer dürfe nichts verstehen.[3] Hintergrund dieser zugespitzten These ist die Überzeugung, daß niemand auf der ganzen Welt *Finnegans Wake* wirklich ohne Einschränkung versteht. Wer das Gegenteil behauptet, gibt sich einer Illusion hin; und wer mit dieser Illusion an die Übersetzungsarbeit geht, übersetzt nicht den Text in seiner vielfältig deutbaren Offenheit, sondern das eigene Verständnis vom Text, das immer ein illusorisches Verständnis ist, bestenfalls ein Teilverständnis – wenn ich etwas zu verstehen glaube, neige ich dazu, mein eigenes Verständnis in der Übersetzung zu betonen und andere Verständnismöglichkeiten (andere Deutungsmöglichkeiten) unter den Tisch fallen zu lassen. So machte es beispielsweise Arno Schmidt, der eine ganz eigene, sehr eigenwillige Deutung von *Finnegans Wake* entwickelt hat und vermeinte, „etwa 75%" von *Finnegans Wake* verstehen, sich „bei intensiver Beschäftigung" noch weitere 15 % erarbeiten zu können[4] – folgerichtig verengen Schmidts Übersetzungsversuche aus *Finnegans Wake* das Sinnspektrum des Textes erheblich, nämlich auf Schmidts eigene Auffassung vom Inhalt, und stellen zwar prächtige Arno-Schmidt-Texte dar, sind als Übersetzungen von *Finnegans Wake* aber überaus defizitär.

---

3 Vgl. Friedhelm Rathjen, „Sprakin sea Djoytsch? *Finnegans Wake* into German", in *James Joyce Quarterly* 36.4 (Sommer 1999), S. 905-916, hier S. 906; Nachdruck in Friedhelm Rathjen, *Irish Company. Joyce & Beckett and more* (Scheeßel: Edition ReJoyce 2010), S. 97-106, hier S. 98. Deutsche Fassung: Friedhelm Rathjen, „Quadratur des Kreises. Zur Übersetzung von *Finnegans Wake* ins Deutsche", in ders., *Quadratur des Kreises. Zum Übersetzen* (Scheeßel: Edition ReJoyce 2009), S. 127-139, hier S. 128 f.

4 Arno Schmidt, „Der Triton mit dem Sonnenschirm. (Überlegungen zu einer Lesbarmachung von FINNEGANS WAKE von James Joyce.)", in ders., *Dialoge 3*, = Bargfelder Ausgabe, Bd. II/3 (Zürich: Haffmans 1991), S. 31-69, hier S. 66.

Nun ist *Finnegans Wake* zugegebenermaßen ein extremer Sonderfall. Auch in etwas einfacheren literarischen Texten allerdings ist es gefährlich, wenn sich der Übersetzer der Illusion hingibt, er verstehe völlig, was er da übersetze, und erst recht, wenn er meint, schlauer zu sein als der zu übersetzende Text, diesen also gar noch verbessern zu können. Im vorherigen, auch schwierigen, aber an der sprachlichen Oberfläche vergleichsweise gut zu durchdringenden Joyce-Roman *Ulysses* steht an einer Stelle der Zweizeiler: „The harlot's cry from street to street / Shall weave old Ireland's windingsheet."[5] Hier gibt es nicht viel zu verstehen, die Vokabeln sind allesamt leicht zugänglich und bieten kaum Anlaß zur Ausdeutung. Georg Goyert, der erste deutsche Joyce-Übersetzer, kam dennoch ins Grübeln und Nachdenken und gelangte zu folgender Übersetzung der Stelle: „Von Strass' zu Strass' der Hure Schrei / Wird weben Englands Leichentuch."[6] Arno Schmidt kritisierte an dieser Übersetzung nicht nur den entfallenen Endreim, sondern auch die Ersetzung Irlands durch England, die er für einen Irrtum Goyerts halten mußte.[7] Goyert allerdings wehrte sich mit dem Argument, hier handele „es sich augenscheinlich um einen Druckfehler im englischen Text"[8] – und damit ist

---

5 James Joyce, *Ulysses. The Corrected Text*, hg. v. Hans Walter Gabler (Harmondsworth: Penguin 1986 [Student's Edition]), 15.4641.

6 James Joyce, *Ulysses*, üb. v. Georg Goyert (Zürich: Rhein-Verlag 1956), S. 601.

7 Vgl. Arno Schmidt, „Ulysses in Deutschland. (Zum 75. Geburtstage von James Joyce.)", in ders., *Essays und Aufsätze 1*, = Bargfelder Ausgabe, Bd. III/3 (Zürich: Haffmans 1995), S. 374-380, hier S. 377 f. (Zuerst in der *Frankfurter Allgemeinen Zeitung* vom 26. Oktober 1957.)

8 Georg Goyert, „Noch einmal: Ulysses in Deutschland. Antwort des Übersetzers Georg Goyert", in Arno Schmidt, *Das essayistische Werk zur angelsächsischen Literatur in 3 Bänden. Sämtliche Nachtprogramme und Aufsätze* (Zürich: Haffmans 1994), Bd. 3, S. 179-

dies ein eklatantes Beispiel für die schlimmste Sünde, die ein um Deutung und Verständnis des zu übersetzenden Textes bemühter Übersetzer begehen kann; das, was mit dem eigenen (notwendigerweise begrenzten) Verständnis nicht in Einklang zu bringen ist, wird schlichtweg als „Fehler" im Text gedeutet und eliminiert. Der zweifelhafte Vorteil, daß er den Originalautor noch befragen konnte, hat Georg Goyert nicht geholfen, und zum Nachteil gereichte ihm, daß seine Übersetzung sehr früh entstand und er noch nicht auf die ausufernde Joyce-Sekundärliteratur zugreifen konnte, die uns heute zur Verfügung steht. Aus der Lektüre dieser Sekundärliteratur hätte er lernen können, daß das Variieren und falsche Zitieren fester Floskeln und überhaupt die Anverwandlung und Verwandlung des Bekannten zum Formenrepertoire Joycescher Texte gehört.

Mein Deutungs- und Verständnisverbot heißt nämlich nicht, daß der Übersetzer sich nicht schlaumachen dürfte – ganz im Gegenteil. Der Übersetzer soll alles wissen über die Wörter und Sätze, die er zu übersetzen hat; er kennt das Bedeutungsspektrum der Vokabeln, durchschaut die grammatischen Konstruktionen, erkennt Anspielungen und Zitate, hört Echos anderer Textstellen und so weiter. Dabei helfen ihm jene Teile der Sekundärliteratur, die solche Textdetails aufarbeiten, ungemein, und er wird sie gern zu Rate ziehen. Er will und soll die einzelnen Wörter und Sätze „verstehen" – hüten sollte er sich hingegen davor, unbedingt verstehen zu wollen, *warum* diese Wörter und Sätze hier stehen, denn da, wo er sich das fragt, fängt die Deutung an. Und Deutungsfragen sollte der Übersetzer meiden wie die Pest – die Deutung muß den Lesern überlassen bleiben. Deswegen interessiert den idealen,

---

181, hier S. 181. (Zuerst in der *Frankfurter Allgemeinen Zeitung* vom 6. Dezember 1957.)

den präzis arbeitenden Übersetzer auch nichts so wenig wie jene spekulativeren Teile der Sekundärliteratur, die dem Text tiefschürfende Interpretationen oder hochfliegende Theorien überstülpen.

Und das gilt gerade für die Arbeit an Texten, die nach Deutung und Interpretation geradezu schreien. Nehmen wir beispielhaft das Werk von Samuel Beckett, das bekanntermaßen voller Rätsel steckt. Chris Hirte, der jüngst einen Band mit Briefen Becketts übersetzt hat, umreißt in seiner Vorbemerkung die Schwierigkeiten und bekundet dann: „Doch übersetzen kann man nur, was man versteht. Wer hier versucht, zu orakeln, landet schnell im Abseits."[9] Damit scheint er auf den ersten Blick im Widerspruch zu meiner radikalen Zuspitzung zu stehen, der Übersetzer dürfe nichts verstehen, doch Hirte meint mit „verstehen" etwas anderes als ich – sein „verstehen" entspricht meinem „wissen", während jenes „verstehen", das ich dem Übersetzer versagen will, eher mit Hirtes „orakeln" zusammenfällt. Hirtes Bemerkung fällt in Zusammenhang mit einem Satz, den Beckett am 14. November 1930 an seinen Freund Thomas McGreevy schreibt: „Armistice Day & letters to the Irish Times and Luce & Ruddy and all the other means of the Spermopauleatic paroxysm."[10] In der Originalausgabe der Briefausgabe wird der Begriff am Satzende nicht erklärt, auch nicht in den editorischen

---

[9] [Chris Hirte,] „Vorbemerkung des Übersetzers", in Samuel Beckett, *Weitermachen ist mehr, als ich tun kann*, Briefe 1929-1940, hg. v. George Craig (Editor), Martha Dow Fehsenfeld (Founding Editor), Dan Gunn (Editor) u. Lois More Overbeck (General Editor), für die deutschsprachige Ausgabe üb. u. eingerichtet v. Chris Hirte (Berlin: Suhrkamp 2013), S. 67-76, hier S. 74.

[10] *The Letters of Samuel Beckett*, Volume I: *1929-1940*, Editors: Martha Dow Fehsenfeld, Lois More Overbeck, Associate Editors: George Craig, Dan Gunn (Cambridge: Cambridge University Press 2009), S. 54.

Anmerkungen; Hirte hat folglich selbst nachgeforscht und festgestellt: „das Wort *spermopauleatic* gibt es nicht.“[11] Beckett hat den Begriff erfunden. Über die Wortbestandteile läßt sich aber aufschlüsseln, was Beckett im Sinn gehabt haben muß; Hirte kommt zu dem Ergebnis, „Spermopauleatic paroxysm“ meine „eine Art sexueller (bzw. kreativer [...]) Starrkrampf“[12]. Diese Erkenntnis teil Hirte uns auch mit, aber – und das ist wichtig! – nicht in seiner Eigenschaft als Übersetzer, sondern in editorischer Funktion, nämlich in einer Anmerkung; die Übersetzung selbst hält dem Originaltext die Treue, indem sie nichts erklärt, nichts vereinfacht und keine Deutung anbietet: „Tag des Waffenstillstands & Briefe an die Irish Times und Luce & Ruddy und all die anderen Mittel des spermopauleatischen Paroxysmus.“[13] Genaugenommen muß der Übersetzer dieses Satzes gar nicht wissen, was ein „Spermopauleatic paroxysm“ ist (bzw. was Beckett damit meinen könnte), ebensowenig wie er wissen muß, wer „Luce & Ruddy“ sind; er muß nur wissen, daß „Spermopauleatic paroxysm“ aus bestimmten teils lateinischen, teils pseudolateinischen semantischen Partikeln besteht, die sich im Deutschen mit angepaßten Endungen problemlos nachbilden lassen, und er muß wissen, daß „Luce & Ruddy“ Personennamen sind, die folglich unangetastet bleiben. In dem Moment, in dem sich der Übersetzer um ein weitergehendes Verständnis bemüht, läuft er Gefahr, dieses Verständnis dann auch in seine Übersetzung einbringen zu wollen, was zu einer Verengung der Übersetzung führen würde – es ist nie auszuschließen, daß der Übersetzer sich irrt, also einer Fehldeutung unterliegt, was eine ver-

---

[11] Anmerkung in Beckett, *Weitermachen ist mehr, als ich tun kann*, a.a.O., S. 127.

[12] Ebd.

[13] Beckett, *Weitermachen ist mehr, als ich tun kann*, a.a.O., S. 125.

fälschende Übersetzung zur Folge hätte, aber selbst wenn er das im Originaltext Gemeinte richtig deutet und diese Deutung seiner Übersetzung unterlegt, engt er schon das Spektrum möglicher Bedeutungen des Textes ein. Im vorgestellten Fall begeht Chris Hirte diesen Fehler erfreulicherweise nicht – als Übersetzer behält er das Verständnis, das er erlangt hat, für sich, seine Übersetzung bleibt ebenso offen wie der Originalwortlaut.

Beckett betont in seinen Texten immer wieder diese Offenheit, was soweit geht, daß Becketts Figuren und auch seine Erzähler immer wieder bekunden, sie würden nichts verstehen. Bisweilen ist dies mit einem Appell an die Leserschaft verbunden: „Verstehe, wer kann."[14] Oder: „das verstehe, wer kann, ich bin dafür nicht zuständig."[15] Wenn aber Becketts Erzähler nicht dafür „zuständig" sind, das Geschilderte zu verstehen, dann ist es der Übersetzer erst recht nicht. Den Lesern soll ermöglicht bleiben, ganz nach eigenen Dispositionen etwas zu „verstehen", also Deutungen vorzunehmen (was auch die Lizenz zum Mißverständnis – zu einer Fehldeutung – einschließt), und diese Chance bleibt nur gewahrt, wenn nicht schon der Übersetzer deutend und bedeutungsverengend eingreift. Solche Verengungen nimmt Christian Enzensberger in seiner Eindeutschung der frühen Beckett-Erzählungen *More Pricks than Kicks* unter dem Titel *Mehr Prügel als Flügel* leider allzu oft vor. An einer Stelle muß sich die Figur Smeraldina, die eben ihren Liebhaber verloren hat, von einem gewissen Hairy zweideutige Avancen gefallen lassen. Im Originaltext folgt der Satz: „'I don't under-

---

[14] Samuel Beckett, *Was wo*, üb. v. Elmar u. Jonas Tophoven, in ders., *Werke V. Supplementband I* (Frankfurt a.M.: Suhrkamp 1986), S. 141-151, hier S. 150.

[15] Samuel Beckett, „Texte um Nichts", in ders., *Erzählungen und Texte um Nichts*, üb. v. Elmar Tophoven (Frankfurt a.M.: Suhrkamp 1962), S. 97-168, hier S. 124.

stand' said the Smeraldina."[16] Es bleibt offen, ob Smeraldinas „I don't understand" sich konkret auf den zweideutigen Antrag Hairys bezieht oder vielleicht doch auf eine generellere Unfähigkeit, ihre Situation oder gar das Wirken der Welt zu begreifen. Christian Enzensberger aber interpretiert den Satz, indem er ihn leicht erweitert und ihm so einen umgangssprachlichen Ton gibt: „‚Ich verstehe nicht ganz', sagte die Smeraldina."[17] Durch die Einfügung des Wörtchens „ganz" ist die Offenheit dahin; in Enzensbergers Übersetzung verengt sich das Bedeutungsspektrum des Satzes auf einen konkreten Sinn, nämlich den, daß Smeraldina dem Ansinnen Hairys nicht gleich zu folgen vermag. Enzensbergers Fehler ist, daß er erstens zu verstehen glaubt, wie der Satz gemeint ist, und zweitens sein verengendes Verständnis der Übersetzung als einzig mögliche Deutung unterlegt. Naturgemäß gibt es Fälle, in denen solche Verengung schlichtweg unvermeidbar ist, nicht jede Offenheit und nicht jedes Bedeutungsspektrum läßt sich verlustlos in die Zielsprache transferieren – im vorliegenden Fall hätte es aber schon gereicht, sich strikt an den Wortlaut des Originals zu halten und auf die Einfügung des Wörtchens „ganz" zu verzichten.

Prüfen wir zum Schluß noch eine weitere Beckett-Stelle, an der eine Figur etwas nicht versteht. Im Roman *Mercier et Camier*, dem ersten, den Beckett in französischer Sprache schrieb, findet sich folgender Wortwechsel der beiden Titelhelden:

> Tu es sûr qu'on ne nous a pas vus? dit Camier.
>
> Le hasard fait bien les choses, dit Mercier. Au fond je n'ai jamais compté que sur lui.

---

[16] Samuel Beckett, *More Pricks than Kicks*, Stories (New York: Grove Press 1972), S. 190.

[17] Samuel Beckett, *Mehr Prügel als Flügel*, üb. v. Christian Enzensberger (Frankfurt a.M.: Suhrkamp 1989), S. 212.

Heureusement que ce n'est pas loin, dit Camier.
Te rends-tu compte de ce que ça signifie pour nous? dit Mercier.
Je ne vois pas que ça change grand-chose, pour le moment, dit Camier.
Ça ne devrait rien changer, dit Mercier, mais ça changera tout.
Ça devrait tout changer, dit Camier, mais ça ne changera rien.
Tu vas voir, dit Mercier. Les fleurs sont dans le vase, et les moutons sont rentrés au parc.
Je ne comprends pas, dit Camier.[18]

In Elmar Tophovens deutscher Fassung lautet die Passage:

Bist du sicher, daß uns niemand gesehen hat? sagte Camier.
Der Zufall besorgt drei Viertel in dieser elenden Welt, sagte Mercier. Eigentlich habe ich mich immer nur auf ihn verlassen.
Zum Glück ist es nicht weit, sagte Camier.
Bist du dir im klaren darüber, was das für uns bedeutet? sagte Mercier.
Ich wüßte nicht, warum das viel ändern sollte, im Moment, sagte Camier.
Es dürfte nichts ändern, sagte Mercier, aber es wird alles ändern.
Es dürfte alles ändern, sagte Camier, aber es wird nichts ändern.
Du wirst schon sehen, sagte Mercier. Die Blumen sind in der Vase, und die Hammel sind in den Pferch zurückgekehrt.
Ich verstehe nicht, sagte Camier.[19]

---

[18] Samuel Beckett, *Mercier et Camier* (Paris: Éditions de Minuit 1972), S. 137 f.

Merciers Satz über die Blumen und die Hammel ist nicht nur für Camier unverständlich, auch Lesern und Übersetzern kann nicht unmittelbar klar sein, was genau Mercier damit meint. Zum Glück ist diese Frage für den Übersetzer unerheblich; der Oberflächensinn aller Wörter der Satzes und damit des Satzes insgesamt bietet keinerlei Probleme, also reicht es hin, diesen Oberflächensinn zu übersetzen. Jeder Deutungsversuch könnte nur von Schaden sein; dieser Fall ist ähnlich gelagert wie unser Beispielsatz vom roten Pferd, das sich von Ast zu Ast schwingt. Das einzige, was der Übersetzer sich fragen darf (und sogar muß), ist, ob vielleicht der Satz von den Blumen in der Vase und den Hammeln im Pferch im Französischen ein Sprichwort oder eine feste Redewendung sein könnte – wäre es so, so müßte im Deutschen nach einer Entsprechung gesucht werden, denn der Floskelcharakter wäre in diesem Fall tatsächlich wichtiger als der Oberflächensinn.

Nun hat Beckett fast alle seine Texte selbst vom Französischen ins Englische oder umgekehrt übersetzt, und da bietet es sich immer an, einmal nachzuschauen, was er selbst aus seiner eigenen Vorlage gemacht hat. Wir dürfen voraussetzen, daß am ehesten Beckett selbst seine Texte verstanden hat, daß am ehesten er ihren Sinn „richtig" zu deuten wußte. Schauen wir uns also an, wie der zitierte Textausschnitt in Becketts englischer Selbstübersetzung aussieht:

> Are you sure we were not seen? said Camier.
>
> Chance knows how to handle it, said Mercier. Deep down I never counted but on her.
>
> I don't see what difference it makes, said Camier.

---

[19] Samuel Beckett, *Mercier und Camier*, üb. v. Elmar Tophoven (Frankfurt a.M.: Suhrkamp 1973), S. 144.

You will, said Mercier. The flowers are in the vase and the flock back in the fold.

I don't understand, said Camier.[20]

An dem rätselhaften Satz von den Blumen und den Hammeln hat Beckett wenig geändert, der Oberflächensinn bleibt gewahrt, eine Konkretisierung (also Verengung) auf eine bestimmte Bedeutung hin findet nicht statt – der Satz behält eben jenen Grad an Unverständlichkeit, den er im Original aufweist. Aber etwas anderes fällt auf. Beckett hat einen Teil des Wortwechsels einfach gestrichen, und zwar ausgerechnet denjenigen, in dem von „bedeuten" die Rede ist. Niemand außer dem Autor, der die Autorität seiner Autorschaft auch beim Übersetzen in Anspruch nimmt, dürfte sich dergleichen erlauben, aber das ist nicht der springende Punkt. Der Punkt, auf den ich hinaus will, ist vielmehr, daß Beckett seine Deutungshoheit mißbraucht, um den Text umzuschreiben. Beckett kann den Text ohne Skrupel nur verändern, weil er weiß (oder zu wissen meint), welcher Sinn und welche Bedeutung im Text stecken, was gut und was weniger gut an dem Text ist, was stärker herausgearbeitet und was besser unter Verschluß gehalten werden sollte. Beckett versteht den Text; Beckett deutet den Text – und sein Verständnis und seine Deutung stülpt er dem Text beim Übersetzen über. Beckett zeigt beispielhaft, was ein Übersetzer auf keinen Fall darf und worauf ein Übersetzer unbedingt verzichten muß. Ein Übersetzer darf den Text, den er übersetzt, nicht willentlich verändern; und damit er es nicht tut, ist es besser, er enthält sich jeder Deutung und achtet darauf, daß jede unwillkürlich sich einstellende Deutung aus der Übersetzungsarbeit herausgehalten wird.

---

[20] Samuel Beckett, *Mercier and Camier*, translated from the original French by the Author (New York: Grove Press 1975), S. 94.

Beispiele wie das vorgestellte finden sich in Becketts Selbstübersetzungen zuhauf. Als Übersetzungen wären diese Selbstübersetzungen damit eigentlich gründlich desavouiert. Akzeptieren können wir die Eingriffe vielleicht, wenn wir den Selbstübersetzer Beckett nicht als Übersetzer, sondern als Autor begreifen; ein Autor hat das Recht, von seinen eigenen Texten Neufassungen herzustellen, und genau das ist es, was Beckett macht. Genaugenommen gibt es von seinen Texten nicht ein französisches Original und eine englische Übersetzung (oder umgekehrt), sondern es gibt jeweils zwei Originale; oder eine Fassung erster Hand und eine Fassung letzter Hand. Ein entscheidender Unterschied zwischen Becketts Eingriffen und den verengenden Eingriffen deutender Übersetzer liegt im übrigen darin, daß Beckett nicht etwa rätselhafte, unklare oder interpretationsbedürftige Textstellen aufklärt und vereindeutigt, sondern genau auf das Gegenteil zielt. In seinen Zweitfassungen bemüht sich Beckett in der Regel darum, verräterisch offene Stellen zu streichen und ungeschützt eindeutige und direkte Formulierungen durch mehrdeutige und indirekte zu ersetzen. Beispielsweise in der folgenden Passage des „Textes um Nichts“ VIII:

Französisches Original:

> Alors que je me sais pétant de mortalité là-haut quelque part en Europe probablement, sous le ciel aspirant et foulant chaque jour un peu plus blet comme hier dans la pompe de la matrice. Non, l'avoir dit me convainc du contraire, je n'ai jamais vu le jour, pas plus que lui, voilà la beauté toute négative de la parole, dont malheureusement les négations subissent le même sort, en voilà la laideur.[21]

---

[21] Samuel Beckett, „Textes pour Rien“, in ders., *Nouvelles et Textes pour Rien* (Paris: Éditions de Minuit 1958), S. 113-206, hier S. 171.

Deutsche Fassung von Elmar Tophoven:

> Wobei ich doch weiß, daß ich vor Sterblichkeit platze, dort oben, irgendwo in Europa wahrscheinlich, unterm saugenden und drückenden Himmel, jeden Tag etwas mürber, wie gestern in der Pumpe der Gebärmutter. Nein, es gesagt zu haben, überzeugt mich vom Gegenteil, ich bin nie auf die Welt gekommen, ebenso wenig wie er, das ist eben die ganz [sic] negative Schönheit der Sprache, deren Negationen leider dasselbe Schicksal erleiden, was eben ihre Häßlichkeit ist.[22]

Becketts Selbstübersetzung ins Englische:

> Whereas to my certain knowledge I'm dead and kicking above, somewhere in Europe probably, with every plunge and suck of the sky a little more overripe, as yesterday in the pump of the womb. No, to have said so convinces me of the contrary, I never saw the light of day, any more than he, ah if no were content to cut yes's throat and never cut its own.[23]

Das Ziel der Beckettschen Eingriffe in der Selbstübersetzung ist nicht Mehrung von Verständnis, sondern Ausweitung des Spektrums der Deutungsmöglichkeiten. Beckett will nicht herausarbeiten, was er sagen wollte, sondern er will im Zweifel immer besser verbergen, was er sagen wollte. Damit will er das Gegenteil von dem, was Ezra Pound von Eva Hesse verlangte. Beckett will die Integrität des Werks schützen, nicht die Intentionen des Autors zur Richtschnur machen – und eben darauf sollte auch ein guter Literaturübersetzer abzielen.

---

[22] Beckett, „Texte um Nichts", a.a.O., S. 142.

[23] Samuel Beckett, „Texts for Nothing", translated by the author, in ders., *The Complete Short Prose, 1929-1989*, Edited and with an Introduction and Notes by S. E. Gontarski (New York: Grove Press 1995), S. 100-154, hier S. 133.

Grips in der Birne
Die abenteuerlichen Wandlungen Huckleberry Finns auf deutsch

Gewidmet dem Andenken
an Marie Schloß

Als 1890 Henny Kochs Übersetzung *Abenteuer und Fahrten des Huckleberry Finn* erschien, war dies der Startschuß zu einer äußerst wechselhaften Geschichte deutscher *Huck-Finn*-Fassungen, von denen es inzwischen nicht weniger als vierzig gibt. Im Rahmen durchaus gruseliger Textvergleiche habe ich sie alle in Augenschein genommen und möchte nun von den Verniedlichungen und Verzerrungen, den Verharmlosungen und Mißverständnissen, den übersetzerischen Fehlgriffen und verlegerischen Unachtsamkeiten berichten, die sich mir dabei offenbart haben. Mit den betonten Umgangssprachlichkeiten des Textes (vor allem dem Jargon des Sklaven Jim) hatten und haben alle Übersetzer ihre liebe Not, und ich werde anhand von Textbeispielen zeigen, daß die allermeisten deutschen Fassungen der antirassistischen Botschaft von Mark Twains Roman in den Rücken fallen, indem sie Jim zu einer dümmlichen, kindischen Figur verzeichnen. Erst neuere Übersetzungen versuchen mit unterschiedlichem Erfolg, der sprachlichen Vielschichtigkeit des Buches wirklich gerecht zu werden.

Aber beginnen wir systematisch oder zumindest mit dem Versuch, eine Systematik zu erstellen. Einfach ist das nicht, denn die Vielzahl unterschiedlicher Übersetzungen, Ausgaben und Bearbeitungen des *Huckleberry Finn* läßt sich auch unter Zuhilfenahme einschlägiger Bibliographien und Verzeichnisse schwerlich ganz in den Griff bekommen. Bei der Durchsicht der Kataloge der Deutschen Bibliothek und anderer einschlägiger Hilfsmittel kam ich auf über hundert Verlage, in denen deutschsprachige *Huck-Finn*-Ausgaben erschienen sind; etwa fünfzehn dieser Verlage haben zu unterschiedlichen Zeiten auch unterschiedliche Übersetzungen im Programm gehabt, was den Überblick zusätzlich erschwert. Der Versuch, die einzelnen Fassungen voneinander zu unterscheiden, kann sich deswegen nicht allein an den Verlagen orientieren, sondern muß zunächst einmal jede Ausgabe für sich betrachten und die jeweils angegebenen Übersetzernamen überprüfen. Auch dieses Vorgehen hat allerdings seine Tücken. Die zunächst größte, aber immerhin sofort als solche erkennbare Tücke ist, daß in etlichen Ausgaben gar kein Übersetzer angegeben ist. So erschien 1902 im Verlag von Otto Hendel in Halle eine Ausgabe unter dem Titel *Die Abenteuer Huckleberry Finns (des Kameraden von Tom Sawyer)*, die zwar laut Titelei eine „Einleitung von Albert Erding“ enthält, bei der aber nirgendwo ersichtlich ist, von wem die Übersetzung stammt. Erst durch aufwendige Recherchen läßt sich herausfinden, daß es sich hierbei um die Übersetzung eines oder einer H. Hellwag handelt, über den oder die sich nichts weiter ermitteln läßt, als daß er oder sie um 1920 im selben Verlag auch eine *Tom-Sawyer*-Übersetzung vorgelegt hat. Ausgaben mit der Titelei *Die Abenteuer Huckleberry Finns (des Kameraden von Tom Sawyer)* und / oder der Einleitung von Erding erschienen in den ersten Jahrzehnten des 20. Jahrhunderts auch in anderen Berliner Verlagen, so ab 1909 mehrfach bei Weichert (unter Verwendung des Untertitels „Eine lustige Geschichte“), 1922 in der Mitteldeutschen Verlagsanstalt Lehmann & Fink, um 1925 bei Maschler (wo verwirrenderweise allerdings auch die Übersetzung von Marie Schloß neu aufgelegt wurde) und zu einem unbekannten Zeitpunkt bei Paul Franke. In allen diesen Fällen wird kein Übersetzername genannt, es handelt sich aber stets um die Übersetzung H. Hellwags – auch bei der Ausgabe von Lehmann & Fink, die als Gesamtausgabe unter dem abweichenden Titel *Die Abenteuer Tom Sawyers und Huckleberry Finns (des Kameraden von Tom Sawyer)* erscheint.

Dies ist bei der Recherche zunächst einmal überaus verwirrend, da der ganz ähnliche (und grammatisch äußerst bedenkliche) Titel *Die Abenteuer des Tom Sawyer und Huckleberry Finn* wiederum zu anderen Übersetzungen gehört. 1913 erscheint unter diesem Titel bei Williams & Co. in Berlin eine Ausgabe, die den *Tom Sawyer* in einer Übersetzung von Ulrich Johannsen und den *Huck Finn* in einer Übersetzung von Marie Schloß enthält (die Schloß-Fassung ist die dritte deutsche Übersetzung, die es vom *Huck Finn* gibt); diese Ausgabe wird unter diesem Titel später von etlichen Verlagen übernommen (1913 Singer, ca. 1924 Williams, 1950 Wiener Volksbuchverlag, 1955 Atrium, 1955 Ueberreuter). Ebenfalls unter dem Titel *Abenteuer des Tom Sawyer und Huckleberry Finn* erscheint aber 1927 im Zenith Verlag Erich Stolpe in Leipzig eine von Walter Keiler stammende deutsche Fassung der *Adventures of Tom Sawyer*, der nur ein kurzes Exzerpt aus *Huckleberry Finn* angehängt ist. Noch dreister allerdings ist, daß seit den frühen 1950er Jahren in Neuausgaben der *Abenteuer des Tom Sawyer und Huckleberry Finn* die *Huck-Finn*-Übersetzerin Marie Schloß zumeist einfach unter den Tisch fällt und als Übersetzer lediglich Ulrich Johannsen genannt wird. Wenn Tilman Jens in der spärlichen „Auswahlbibliographie“ seines Mark-Twain-Buchs Ulrich Johannsen als besten deutschen Übersetzer des *Huck Finn* bezeichnet[1],

---

[1] Vgl. Tilman Jens, *Mark Twain. Heimkehr zum Mississippi* (München u. Zürich: Piper 1985), S. 96.

so ist diese Aussage nicht nur zweifelhaft, weil – wie ich noch zeigen werde – die gemeinte Übersetzung durchaus kritikwürdig ist, sondern die Aussage geht vor allem an der Tatsache vorbei, daß Ulrich Johannsen den *Huck Finn* nie übersetzt hat. In etlichen Ausgaben und Hunderttausenden von Exemplaren wird seit 1952 vom Verlag Droemer und diversen Lizenzverlagen (1956, 1961 und 1968 Deutsche Buch-Gemeinschaft, 1964 Deutscher Bücherbund, 1978 Droemer-Knaur, 1980 Heyne) unter Nennung Johannsens als Übersetzer eine *Huck-Finn*-Fassung verbreitet, deren tatsächliche Übersetzerin verschwiegen wird – ich möchte deswegen Marie Schloß an dieser Stelle aus der Versenkung holen und als das würdigen, was sie ist, nämlich die Urheberin jener deutschen Fassung des *Huckleberry Finn*, die vermutlich in der höchsten Auflagenzahl Verbreitung gefunden hat.

Wie dieses eklatante Beispiel zeigt, reicht es zur Unterscheidung der einzelnen Fassungen keineswegs, einfach der Übersetzernennung in der jeweiligen Ausgabe zu folgen; nötig ist in jedem Fall die umsichtige Textprüfung. Wer sich dieser Aufgabe unterzieht, erlebt noch einige weitere Überraschungen neben derjenigen, daß es gar keinen *Huck-Finn*-Übersetzer Ulrich Johannsen gibt. 1955 erscheint unter dem Titel *Huckleberry Finn: Fahrten und Abenteuer* bei der Deutschen Hausbücherei in Hamburg und Berlin eine angebliche „Übertragung aus dem Amerikanischen von Herbert Timm“, die im Impressum den Hinweis trägt: „Mit Genehmigung des Adam Reitze-Verlag, Hamburg.“ Prüfen wir daraufhin das Reitze-Verlagsprogramm, so stellen wir fest, daß dort 1954 der Band *Tom Sawyer und Huckleberry Finn: Fahrten u. Abenteuer* erschienen ist, und zwar mit folgender Übersetzerangabe: „Ins Dt. übertr. von Herbert Timm und Hans Achim Weseloh“. In diese Ausgabe eingegangen ist eine (gekürzte) Übersetzung des *Huck Finn*, die separat bereits 1950 bei Reitze (damals noch in Worpswede) erschienen ist, und zwar unter korrekter Nennung des Übersetzers Hans Achim Weseloh – auch in diesem Fall ist also einem *Tom-Sawyer*-Übersetzer eine *Huck-Finn*-Übersetzung zugeschlagen worden, die gar nicht von ihm stammt. Für jenen Übersetzer wiederum, dessen tatsächliche Leistung vom Lizenzverlag unterschlagen wurde, mag es nur ein geringer Trost sein, daß Verlage solche Ignoranz nicht etwa nur Übersetzern, sondern durchaus auch Autoren gegenüber pflegen – als Beispiel möge der Hinweis auf eine 2001 bei Bechtermünz (einem Imprint des Weltbild-Versands) erschienene Ausgabe *Tom Sawyer und Huckleberry Finn* genügen, der Verfasser als „Marc Twain" angegeben ist.

Noch kurioser als das Durcheinander um Weseloh und Timm ist der Fall einer Ausgabe, die als *Huckleberry Finns Abenteuer* 1979 bei Lingen in Köln erscheint und im Impressum den Hinweis trägt: „Nach der autorisierten ersten vollständigen Übersetzung von Margarete Jacobi bearbeitet von Ulrich Riemerschmidt." Erfreulich an dieser Aussage ist, daß eine Bearbeitung tatsächlich einmal als solche gekennzeichnet ist (wir werden noch sehen, daß es durchaus auch Bearbeitungen und Plagiate gibt, die vorgeben, eine neue Übersetzung zu sein); kurios an diesem Fall ist freilich, daß Margarete Jacobi den *Huck Finn* nie übersetzt hat – sie war vielmehr eine frühe Übersetzerin von *Tom Sawyer*. Bei der fraglichen Lingen-Ausgabe handelt es sich in Wahrheit um eine oberflächlich redigierte Fassung der Übersetzung von Hellwag.

Damit können wir trotz anderslautender Angaben in einigen Ausgaben Ulrich Johannsen, Herbert Timm und Margarete Jacobi aus dem immer noch großen Kreis der *Huck-Finn*-Übersetzer ausschließen. Ebenfalls ausschließen können wir die Urheber einiger freier Nacherzählungen (bis hin zu Bilderbüchern und Comicfassungen), die auch bei weitester Auslegung nicht den Tatbestand einer

Übersetzung erfüllen. Übrig bleiben für die nachfolgenden vergleichenden Untersuchungen immerhin rund vierzig Übersetzer und Übersetzerinnen. Die Fassungen der meisten dieser wackeren vierzig erschienen nur in jeweils einem oder zwei Verlagen; die erste deutsche *Huck-Finn*-Fassung überhaupt, diejenige von Henny Koch, erschienen erstmals 1890 bei Lutz, wurde außer in den vielen Ausgaben dieses Hauses noch von mindestens vier weiteren Verlagen (1925 Hesse & Becker, 1930 Schramm, 1951 Weisert, 1962 Goldmann) nachgedruckt; die vielen Nachdrucke der Fassungen von H. Hellwag und vor allem Marie Schloß habe ich schon erwähnt. Spitzenreiterin, was die Zahl der Ausgaben angeht, ist jedoch Lore Krüger – ihre Übersetzung, erschienen zuerst 1963 bei Aufbau, wurde von knapp zwanzig Verlagen (1965 Hanser, 1967 Maier-Ravensburger (gekürzt), 1969 Arena, 1971 Pawlak, 1974 Buchclub 56, 1976 dtv, 1976 Ueberreuter, 1978 Reclam-Leipzig, 1978 Neues Leben, 1979 Benziger, 1981 Ex Libris, 1981 Franklin-Bibliothek, 1985 und 2002 Diogenes, 1985 Deutscher Bücherbund, 1989 Kriterion, 1993 Heyne, 1995 Das Beste, 1996 Rowohlt, 2000 Tosa) nachgedruckt.

Den Versuch, auch noch textredaktionelle Abweichungen zwischen den verschiedenen Ausgaben einer Übersetzung zu erfassen, muß ich mir aus naheliegenden Gründen der Arbeitsökonomie verkneifen. Im folgenden werde ich von jeder Übersetzung nur eine Ausgabe heranziehen, in der Regel die Erstausgabe (wo diese nicht beschaffbar war, nehme ich mit einer späteren Vorlieb). Die Übersetzungen, um die es gehen soll, sind die folgenden:

Abenteuer und Fahrten des Huckleberry Finn. Übersetzt von Henny Koch. Stuttgart: Verlag von Robert Lutz 1890. (Zitiert nach der Ausgabe

Huckleberry Finns Abenteuer und Fahrten, Stuttgart: Robert Lutz Nachfolger Otto Schramm 1938.)

Die Abenteuer Huckleberry Finns (des Kameraden von Tom Sawyer). Übersetzt von H. Hellwag. Halle: Verlag von Otto Hendel 1902. (Zitiert nach der Ausgabe Berlin: Maschler 1925.)

„Die Abenteuer des Huckleberry Finn". Die Übersetzung besorgte Marie Schloß. In *Die Abenteuer des Tom Sawyer und Huckleberry Finn*. Berlin: Williams & Co. Verlag 1913. (Später vielfach mit der unzutreffenden Übersetzerangabe „Ulrich Johannsen" verbreitet.) (Zitiert nach der Separatausgabe *Die Abenteuer des Huckleberry Finn*, Berlin: Maschler o.J.)

Huckleberry Finns Fahrten und Abenteuer. Herausgegeben und übertragen von Ulrich Steindorff. Berlin: Verlag Ullstein 1921.

„Die Abenteuer Huckleberry Finns". In *Die Streiche Tom Sawyers und Huckleberry Finns*. Übersetzt und bearbeitet von Carl Hartz. Berlin: Deutsche Buchgemeinschaft 1925.

Abenteuer des Tom Sawyer und Huckleberry Finn. Ins Deutsche übertragen, bearbeitet und mit einem Vorwort versehen von Walter Keiler. Leipzig: Zenith Verlag Erich Stolpe 1927. (Enthält unter diesem Titel eine deutsche Fassung der *Adventures of Tom Sawyer*, der nur ein kurzes Exzerpt aus *Huckleberry Finn* angehängt ist!)

Huckleberry Finns Fahrten und Abenteuer. Neubearbeitet von Julie Mathieu. Mit 29 Zeichnungen von Alexander Harder. Berlin: Deutscher Verlag 1938.

Huckleberry Finn: Eine Mississippi-Erzählung. Aus dem Amerikanischen übertragen von einer Arbeitsgemeinschaft unter Führung von Karl Löbl und

Ludwig Voggenreiter. Schutzumschlag, Einband und Zeichnungen von Heiner Rothfuchs. Potsdam: Voggenreiter Verlag 1939. (Zitiert nach der Ausgabe Reutlingen: Ensslin & Laiblin Verlag 1949.)

Huckleberry Finn's Fahrten und Abenteuer. Übersetzt und bearbeitet von Rudolf Eger. Illustrationen und Umschlag von Irma Anita Bebié. Zürich: Schweizer Druck- und Verlagshaus 1944.

Huckleberry Finn. Autorisierte Übertragung aus dem Englischen von Dr. Franz Geiger. Linz, Wien, Pittsburgh: Ibis-Verlag 1947.

Die Abenteuer des Huckleberry Finn. Neue deutsche Übertragung: S. L. Sigwart. Einbandentwurf und Illustrationen: Herbert Pridöhl. Baden-Baden: Hebel-Verlag 1948.

Huckleberry Finn. Übersetzt von Günter Günther. Buch-Illustrationen und Schutzumschlagentwurf von Otto Huter. Velden a.W. und Wien: Obelisk-Verlag 1948.

Huckleberry Finn: Seine Fahrten und Abenteuer. Für die Jugend aus dem Amerikanischen übertragen von Hans Achim Weseloh. Buchausstattung: Ditz von Schneidewind. Worpswede: Adam Reitze Verlag 1950.

Huckleberry Finn: Fahrten und Abenteuer. Ins Deutsche übertragen und neu erzählt von Fred Wübben. Illustrationen von Wilhelm M. Busch. Heidelberg: Kemper Verlag 1951.

Die Abenteuer des Huckleberry Finn. Deutsche Übersetzung von L. Wohlfahrt. Illustrationen und Umschlag: Hanns Langenberg. Rudolstadt: Greifenverlag 1952.

Huckleberry Finns Abenteuer. Ins Deutsche übertragen von Irma Silzer. Zürich: Büchergilde Gutenberg 1953.

Huckleberry Finn. Übersetzung aus dem Amerikanischen und Bearbeitung: Wolfram Gramowski. Köln: Agrippina-Verlag 1954.

Die Abenteuer des Huckleberry Finn. Aus dem Amerikanischen nach einer älteren Übersetzung bearbeitet. Herausgegeben von Karl Heinz Berger. Illustriert von Eberhard Binder. Berlin: Verlag Neues Leben 1955.

Die Abenteuer des Huckleberry Finn. Deutsche Bearbeitung von Rainer Lübbren. Umschlag- und Textillustrationen von Franziska Bilek. Stuttgart: Blüchert Verlag 1956.

Huckleberry Finns Abenteuer. Vollständige Ausgabe. Aus dem Amerikanischen von Barbara Cramer-Nauhaus. Mit einem Nachwort von F.W. Schulze. Leipzig: Dieterich'sche Verlagsbuchhandlung 1956. (Zitiert nach der Ausgabe Frankfurt a.M.: Insel 1975.)

Die Abenteuer des Huckleberry Finn. Übersetzt und bearbeitet von Gisela Eppe. Titelbild und Innen-Illustrationen: Kurt Schmischke. Göttingen: W. Fischer 1958.

„Huckleberry Finn's Abenteuer und Fahrten." In *Tom Sawyer und Huckleberry Finn*. Die Übersetzung aus dem Amerikanischen besorgte H[ertha] Lorenz. Buchausstattung Karl Bauer. Klagenfurt: Eduard Kaiser Verlag 1962.

Huckleberry Finns Abenteuer. Deutsch von Werner Faßhauer. Illustrationen von Hilde Schlotterbeck. Olten, Stuttgart und Salzburg: Fackelverlag 1962.

Huckleberry Finns Abenteuer. Roman. Aus dem Amerikanischen übersetzt von Lore Krüger. Berlin: Aufbau Verlag 1963.

Die Abenteuer des Huckleberry Finn. Neu übersetzt und bearbeitet von Willy Borgers. Mit Illustrationen von Horst Lemke. Gütersloh: Bertelsmann Lesering 1964.

Huckleberry Finn. Neu bearbeitet von Ilona Paar. Linz: Rudolf Trauner Verlag 1964.

„Die Abenteuer des Huckleberry Finn." In *Tom Sawyer und Huckleberry Finn*. Ins Deutsche übertragen von Martin Beheim-Schwarzbach. Illustrationen von Emil Zbinden. Frankfurt a.M., Wien und Zürich: Büchergilde Gutenberg; Hannover: Fackelträger-Verlag 1966.

Huckleberry Finn. Deutsche Bearbeitung von Rudolf Hermann. Mit Illustrationen von Nikolaus Moras. Stuttgart: Spectrum-Verlag 1969.

Huckleberry Finns Abenteuer und Fahrten. Deutsche Bearbeitung: Brigitte Helmstaedt. Balve/Westf.: Engelbert-Verlag 1970.

„Die Abenteuer des Huckleberry Finn." In *Tom Sawyer und Huckleberry Finn*. Für die Jugend neu bearbeitet. Mit Zeichnungen von Wilfried Zeller-Zellenberg. Wien: Tosa Verlag ca. 1972.

Huckleberry Finns Abenteuer: Die abenteuerliche Floßfahrt auf dem großen Mississippi. Aus dem Amerikanischen übersetzt und bearbeitet von Sybil Gräfin Schönfeldt. Textillustrationen: Otmar Michel. Würzburg: Arena Verlag 1978.

Huckleberry Finn. Aus dem Amerikanischen übersetzt und mit einem Nachwort versehen von Günter Sachse. Mit 4 farbigen und 15 schwarzweißen Illustrationen von Józef Wilkón. Bindlach: Loewes Verlag 1985.

Huckleberry Finn. Redaktion: Regine Stigloher. Zollikon: Egmont Verlag 1985.

Die Abenteuer des Huckleberry Finn. Aus dem Amerikanischen neu übersetzt von Ekkehard Schöller.

Nachwort von Douglas W. Jefferson. Stuttgart: Philipp Reclam jun. 1991.

Huckleberry Finn. Neue Bearbeitung von Maria Czedik-Eysenberg. Wien: Verlag Carl Ueberreuter 1991.

Huckleberry Finns Abenteuer. Nacherzählt von Dirk Walbrecker. Illustriert von Laurence Sartin. Wien, München: Annette Betz Verlag 1995.

Die Abenteuer des Huckleberry Finn. Deutsch von Wolf Harranth. Zeichnungen von Edward Windsor Kemble. Hamburg: Cecilie Dressler Verlag 1995.

Abenteuer von Huckleberry Finn. Neu übersetzt und mit Anmerkungen von Friedhelm Rathjen und illustriert von Pierre Thomé. Zürich: Haffmans Verlag 1997.

Mark Twains Abenteuer vom Huckelberry Finn, Tom Sawyers Kamerad. Zum ersten Mal vollständig mit der Flößerpassage in's Alemannische geschmugggelt vum Wendelinus Wurth. Zeichnungen von Franz Handschuh. Gutach: Drey-Verlag 1997.

Das ist eine immens lange Latte verschiedener Übersetzungen – daß diese Übersetzungen in Wahrheit nicht immer gar so verschieden voneinander sind, werden wir noch sehen.

Aufschlußreich ist es, sich die Ersterscheinungsdaten der neununddreißig Übersetzungen anzuschauen. Neun Übersetzungen stammen aus der Zeit vor 1945, zwölf aus der Zeit von 1945 bis 1960, neun aus der Zeit von 1960 bis 1972, wiederum neun aus den knapp vier Jahrzehnten seither. Das Schwergewicht der übersetzerischen Beschäftigung mit dem *Huckleberry Finn* liegt also ganz eindeutig in dem Vierteljahrhundert nach Ende des Zweiten Weltkriegs – man mag das interpretieren als Zeichen eines besonders großen Interesses an Amerika und am amerikanischen Freiheitsgedanken mit all seinen inneren Widersprüchen. Sortieren lassen sich die Übersetzungen natürlich auch nach Maßgabe des Staates, in dem sie erstmals erschienen: drei im Wilhelminischen Kaiserreich, drei in der Weimarer Republik, zwei im Dritten Reich, fünfzehn in der Bundesrepublik, vier in der DDR, fünf in der Schweiz, sieben in Österreich.

Und damit wäre der Statistik vielleicht fürs erste Genüge getan. Kommen wir zur Praxis, zu einem ersten Textvergleich. Wo fangen wir an? Am besten gleich am Anfang. Im ungekürzten Original[2] beginnt das Buch mit einer „NOTICE“ (S. 3) des Wortlauts:

> PERSONS attempting to find a motive in this narrative will be prosecuted; persons attempting to find a moral in it will be banished; persons attempting to find a plot in it will be shot.
>
> BY ORDER OF THE AUTHOR
> Per G. G., CHIEF OF ORDNANCE.

In den deutschen Übersetzungen wird dieser Vorspruch folgendermaßen umgesetzt:

Henny Koch 1890: (fehlt)
H. Hellwag 1902: (fehlt)
Marie Schloß 1913: (fehlt)
Ulrich Steindorff 1921: „Vorbemerkung / Leute, die versuchen sollten, ein Motiv in dieser Geschichte zu finden, werden gerichtlich verfolgt; Leute, die

---

[2] Zitiert im folgenden (sofern nichts anderes angegeben ist) nach dem kommentierten Abdruck in Patrick Hearn (Hg.), *The Annotated Huckleberry Finn. Adventures of Huckleberry Finn (Tom Sawyer's Comrade)* (New York u. London: Norton 2001), S. 1-445.

versuchen sollten, eine Moral darin zu finden, werden Landes verwiesen; Leute aber, die darin eine Verschwörung gegen sich suchen und finden sollten, werden glatt erschossen. / Im Auftrage des Autors / G. E., Chef des groben Geschützwesens“ (S. 5)

Carl Hartz 1925: „Achtung! Leute, die versuchen sollten, eine böse Absicht in dieser Geschichte zu finden, werden gerichtlich belangt. / Leute, die versuchen sollten, eine Moral darin zu finden, werden aus dem Lande verbannt. / Leute, die darin einen verräterischen Anschlag gegen sich erblicken sollten, werden geradenwegs erschossen. / Auf Befehl des Verfassers / G. Gee / Chef der schweren Geschütze“ (S. 145)

Walter Keiler 1927: (fehlt)

Julie Mathieu 1938: „Vorbemerkung / Leute, die versuchen sollten, ein Motiv in dieser Geschichte zu finden, werden gerichtlich verfolgt; Leute, die versuchen sollten, eine Moral darin zu finden, werden Landes verwiesen; Leute aber, die darin eine Verschwörung gegen sich suchen und finden sollten, werden glatt erschossen. / Im Auftrage des Autors / G. E., Chef des groben Geschützwesens“ (S. 5)

Karl Löbl / Ludwig Voggenreiter 1939: (fehlt)

Rudolf Eger 1944: (fehlt)

Franz Geiger 1947: (fehlt)

S.L. Sigwart 1948: „WARNUNG! / Personen, die in nachstehender Erzählung einen tieferen Sinn suchen, werden gerichtlich belangt werden; / Personen, die eine Moral in Nachstehendem zu finden suchen, werden des Landes verwiesen; / Personen, die sich bemühen, in irgendeiner Richtung eine Tendenz in Nachstehendem zu finden, werden standrechtlich erschossen! / Auf Anordnung des Autors: / gez. Au. Weh. / Chef der Ordnungspolizei.“ (S. 9)

Günter Günther 1948: (fehlt)

Hans Achim Weseloh 1950: (fehlt)

Fred Wübben 1951: (fehlt)

L. Wohlfahrt 1952: (fehlt)

Irma Silzer 1953: (fehlt)

Wolfram Gramowski 1954: (fehlt)

Karl Heinz Berger 1955: (fehlt)

Rainer Lübbren 1956: „Wer versucht, eine Absicht aus dieser Erzählung herauszulesen, wird strafrechtlich verfolgt. Wer eine Moral darin zu finden versucht, wird verbannt. Wer versucht, einen bestimmten Aufbauplan darin nachzuweisen, wird erschossen. / Im Auftrage des Verfassers / G. G., Polizeipräsident“ (S. 5)

Barbara Cramer-Nauhaus 1956: (fehlt)

Gisela Eppe 1958: (fehlt)

Hertha Lorenz 1962: (fehlt)

Werner Faßhauer 1962: (fehlt)

Lore Krüger 1963: „ZUR BEACHTUNG / Personen, die versuchen, ein Motiv in dieser Erzählung zu finden, werden gerichtlich verfolgt; Personen, die versuchen, eine Moral darin zu finden, werden verbannt; Personen, die versuchen, eine Fabel darin zu finden, werden erschossen. / Auf Befehl des Autors / für G. G., Kommandant der Artillerie“ (S. 10)

Willy Borgers 1964: „VERFÜGUNG / Personen, die eine Absicht in dieser Erzählung suchen sollten, werden gerichtlich verfolgt; Personen, die eine Moral darin entdecken wollen, müssen mit der behördlichen Ausweisung rechnen; Personen, die nach einer straffen Handlung Ausschau halten, werden standrechtlich erschossen. / Auf Anordnung der Autors / i. V. Der Polizeidirektor." (S. 5)

Ilona Paar 1964: (fehlt)

Martin Beheim-Schwarzbach 1966: „Warnung / Personen, die in dieser Erzählung nach einem Motiv suchen, werden gerichtlich belangt; / Personen, die darin nach einer Moral suchen, werden verbannt; / Personen, die darin nach einer Fabel suchen, werden erschossen. / Auf Befehl des Verfassers / gez.: G. G., Inspizient der Artillerietruppen" (S. 201)

Rudolf Herrmann 1969: (fehlt)

Brigitte Helmstaedt 1970: (fehlt)

Anon. ca. 1972 (Tosa Verlag, „Für die Jugend neu bearbeitet"): (fehlt)

Sybil Gräfin Schönfeldt 1978: „Bekanntmachung / Personen, die versuchen, in dieser Geschichte ein Motiv zu finden, werden gerichtlich verfolgt; Personen, die versuchen, eine Moral darin zu entdecken, werden verbannt; Personen, die versuchen, darin einen Plan zu sehen, werden erschossen. / *Auf Befehl des Autors / gegeben von G. G., / Kommandant der Artillerie*" (S. 5)

Günter Sachse 1985: „Notiz / Jeder, der versuchen sollte, ein Motiv in dieser Erzählung zu finden, wird gerichtlich belangt; jeder, der versuchen sollte, eine Moral in ihr zu finden, wird verbannt; und wer etwa versucht, einen Plan darin zu entdecken, wird erschossen. / Im Auftrage des Autors: / *gez. G. G., Artilleriechef*" (S. 329)

Regine Stigloher 1985: (fehlt)

Ekkehard Schöller 1991: „Warnung / Wer versucht, in dieser Erzählung ein Motiv zu finden, wird gerichtlich belangt; wer versucht, eine Moral darin zu finden, wird des Landes verwiesen; wer versucht, eine Handlung darin zu finden, wird erschossen. / AUF BEFEHL DES AUTORS / DURCH G. G., Stabschef der Artillerie“ (S. 5)

Maria Czedik-Eysenberg 1991: (fehlt)

Dirk Walbrecker 1995: (fehlt)

Wolf Harranth 1995: „HINWEIS / Wer versuchen sollte, ein Motiv in dieser Erzählung zu finden, wird gerichtlich verfolgt. Wer versuchen sollte, eine Moral darin zu finden, wird verbannt. Wer versuchen sollte, einen Plan darin zu finden, wird erschossen. / Im Auftrag des Autors / gez. G. G., Oberster Feldzeugmeister“ (S. 5)

Friedhelm Rathjen 1997: „ZUR KENNTNIS / Personen, die’s unternehmen, ein Motiv in dieser Erzählung zu entdecken, werden gerichtlich belangt; Personen, die’s unternehmen, eine Moral darin zu entdecken, werden des Landes verwiesen; Personen, die’s unternehmen, einen Plan darin zu entdecken, werden erschossen. / Auf Befehl des Autors / durch / G. G., Stabschef der Artillerie“ (S. 5)

Wendelinus Wurth 1997: „WARNUNG / Personen, die versuchen, ein Motiv in dieser Erzählung zu finden, werden strafrechtlich verfolgt; Personen, die versuchen, eine Moral darin zu finden, werden verbannt; Personen, die versuchen, darin eine Handlung zu finden, werden erschossen. / AUF BEFEHL DES AUTORS / DURCH G.G., ZEUGMEISTER.“ (S. 5)

In der deutlich überwiegenden Mehrheit der deutschen Fassungen fehlt die „Notice“ also ganz – warum das so sein oder wofür das ein Zeichen sein mag, soll uns gleich noch beschäftigen; zuvor seien einige Hinweise zur Arbeit jener Übersetzer erlaubt, die die Präambel sehr wohl übersetzen.

Ulrich Steindorff, der als erster Übersetzer die „Vorbemerkung“ mitübersetzt, überführt das Stakkato des dreimaligen „Persons attempting to find“ sehr schön ins Deutsche, aber dafür unterläuft ihm ein grober Schnitzer: er verwechselt den philologischen Begriff „plot“ (Handlungsentwicklung) mit der englischen Vokabel für ein Komplott, deswegen ist bei ihm unangemessenerweise von einer „Verschwörung“ die Rede. Keineswegs besser macht es Carl Hartz (1925), der für „plot“ „einen verräterischen Anschlag“ setzt und zudem den schlichten Begriff „a motive“ kontextuell unangemessen als „eine böse Absicht“ übersetzt. Julie Mathieu schreibt von Steindorff ab – inklusive des „plot“-Fehlers in der „Vorbemerkung“. S.L. Sigwart ist 1948 einer der wenigen *Huck-Finn*-Übersetzer, die nicht von ihren Vorgängern abschreiben; leider ist das allein allerdings noch kein Qualitätsmerkmal – mit „Tendenz“ ist der „plot“ zwar nicht ganz so abwegig wie in den früheren Versionen, doch immer noch falsch übersetzt, und Sigwarts Bemühen, wortwörtliche Wiederholungen zu vermeiden, zeigt zwar, daß er eine Standardlehre aus dem schulischen Aufsatzunterricht beherzigt, aber damit zerstört er auch den konzisen Aufbau der Twainschen „Notice“. Ähnliches gilt abgeschwächt auch für die Fassung von Rainer Lübbren, die (wir sind inzwischen schon im Jahre 1956) die erste ist, die den „plot“ halbwegs korrekt übersetzt, nämlich als „einen bestimmten Aufbauplan“. Lore Krüger übersetzt 1963 neben vielem anderen an dem Buch auch die Vorbemerkung sehr ordentlich: in jeder Hinsicht korrekt, zudem zügig und straff formuliert, ganz so, wie es im englischen Original zu lesen steht. Von dieser Schnörkellosigkeit hätte sich Willy Borgers ein paar Scheiben abschneiden können – aber wenigstens begeht er bei dem, was er „Verfügung“ überschreibt, keine groben Verständnisfehler mehr wie seine frühen Vorgänger. Wieder etwas konziser als die Borgersche Umstandskrämerei ist die „Warnung“, die Martin Beheim-Schwarzbach seiner Übersetzung voranstellt, und auch Sybil Gräfin Schönfeldt zeigt in ihrer sehr hochsprachlich korrekten *Huck-Finn*-Übersetzung 1978, daß sich inzwischen ein ordentliches Textverständnis allgemein durchgesetzt hat. Günter Sachse macht in der „Notiz“ seiner Fassung nicht wirklich etwas falsch, wenn er auch leider wieder einen Hang zur überflüssigen sprachlichen Variation ins Spiel bringt; sehr viel angemessener ist die Fassung von Ekkehard Schöller, die dem guten Ruf des Reclam-Verlags alle Ehre macht. Auch an Wolf Harranths Übersetzung ist nichts zu beanstanden, ebenso wie (zumindest aus meiner eigenen Sicht) an der meinigen. Die jüngste Eindeutschung des *Huck Finn* ist im strengen Sinne gar keine – es handelt sich um den wunderbaren Versuch, extreme amerikanische Dialekte durch ebenso extreme europäische wiederzugeben. Wendelinus Wurth hat 1997 seine Übersetzung vorgelegt, in der während der Fahrt den Mississippi hinab die ganze Bandbreite alemannischer Dialekte, wie sie am Oberlauf des Rheins gesprochen werden, erklingt. Für den Vorspruch hat das allerdings keine Konsequenzen; Wurth übersetzt ihn als „Warnung“ hochdeutsch – und in jeder Hinsicht tadellos.

Eine erste inhaltliche Erkenntnis dieses Textvergleichs ist – neben der banalen, daß Übersetzungen nicht nur verschieden, sondern auch verschieden gut ausfallen – diejenige, daß Julie Mathieus Übersetzung ein Plagiat derjenigen von Ulrich Steindorff zu sein scheint; diesen Fall werden wir weiter beobachten müssen. Widmen wir uns zunächst jedoch der allgemeineren Frage, warum sich so viele Übersetzer (oder Verlage) die Freiheit nehmen, einen vielleicht nicht ganz unwichtigen Textteil einfach wegzulassen.

Niemand würde sich, so denke ich, solche Freiheiten im übersetzerischen und verlegerischen Umgang mit einem Buch erlauben, das als literarisches Kunstwerk ernstgenommen wird. Der *Huckleberry Finn* aber wurde (und wird noch immer) vielfach eben nicht als literarisches Kunstwerk, sondern als humoristisches Kinder- oder Jugendbuch von eher zweifelhaftem Wert betrachtet. Damit möchte ich nicht bestreiten, daß auch ein Kinder- oder Jugendbuch literarisch bedeutsam sein kann und es verdient hat, ordentlich übersetzt und verlegt zu werden; auffällig ist aber, daß (wie auch meine weiteren Übersetzungsvergleiche zeigen werden) in Ausgaben, die den *Huckleberry Finn* als Kinder- oder Jugendbuch präsentieren, die Bereitschaft zu Kürzungen und Vereinfachungen (und manchmal auch das Aufkommen an eindeutigen Übersetzungsfehlern) besonders groß ist. Viele der Sorglosigkeiten im Umgang mit Mark Twains Meisterwerk rühren ganz offensichtlich von dem Mißverständnis her, hier handele es sich nicht um ein Buch für ein literarisch interessiertes erwachsenes Publikum, sondern um ein humoristisches Kinderbuch, vergleichbar dem *Tom Sawyer*. Daß der *Tom Sawyer* primär ein Kinder- und Jugendbuch ist, kann und will ich nicht bestreiten (was allerdings eben nicht bedeutet, daß es nicht auch Literatur sei und als solche behandelt werden sollte); der Kardinalfehler bei der Beurteilung des *Huckleberry Finn* liegt deswegen in der irrigen Auffassung, hier handele es sich schlicht und einfach um eine Fortsetzung des früheren Romans. In der Tat setzt sich ja die im *Tom Sawyer* erzählte Geschichte fort, auch das Personal ist in weiten Teilen identisch – dennoch handelt es sich um eine ganz andere Art von Buch, nämlich nicht mehr um eine unterhaltsame und spannende Geschichte für junge Leser und Leserinnen, sondern um eine grandiose Satire auf die amerikanische Gesellschaft beiderseits des Mississippi zur Mitte des 19.

Jahrhunderts samt ihrer Brutalität, Verlogenheit und Bigotterie, eine Satire, die vollständig wohl nur von erwachsenen Lesern erfaßt werden kann. Hinzu kommt der perspektivische und sprachliche Quantensprung gegenüber dem *Tom Sawyer*, den Mark Twain dadurch erzielt, daß er im *Huckleberry Finn* nicht mehr auf einen auktorialen Erzähler herkömmlicher Art zurückgreift, sondern seinen Titelhelden auf seine Weise selbst erzählen läßt. Der *Huckleberry Finn* ist deswegen entschieden mehr und anderes als eine Fortsetzung des *Tom Sawyer* mit gleichen oder ähnlichen Mitteln.

Ärgerlicherweise war Mark Twain selbst der erste, der das Mißverständnis, es handele sich um eine Fortsetzung des Jugendbuches *Tom Sawyer*, begünstigte, vor allem aus verkaufstaktischen Erwägungen. In Absprache mit dem Autor bemühte sich der Verlag darum, die *Huck-Finn*-Erstausgabe im äußeren Erscheinungsbild dem *Tom Sawyer* anzugleichen; um die erhebliche Differenz im Umfang beider Bücher ein wenig zu verringern, wurde sogar eigens eine lange Binnengeschichte, die Floßepisode aus Kapitel 16, die schon in *Leben auf dem Mississippi* vorveröffentlicht worden war, gestrichen. „Obwohl ich *Huck* in einem Band für sich veröffentlichen möchte, denke ich auch daran, es gleichzeitig mit *Sawyer* in einen *gemeinsamen* Band zu quetschen, denn *Huck* ist in gewissem Sinne eine Fortführung der früheren Geschichte“[3], schrieb Mark Twain dem Freund und Kollegen William Dean Howells und legte damit den Grundstein für die vielen späteren Sammelausgaben, die so tun, als handele es sich um zwei Teile einer durchgängigen Geschichte und eines

---

3 Mark Twain, Brief an William Dean Howells vom 15. Oktober 1884, übersetzt nach Henry Nash Smith, William M. Gibson u. Frederick Anderson (Hg.), *Mark Twain – Howells Letters* (Cambridge, Mass.: Harvard University Press 1960), S. 445 f.

einheitlichen Buches. Der Verlag betonte in seiner Werbung für den *Huck Finn*, das Buch sei „in Mark Twains altem Stil geschrieben", ein „Gegenstück zu *Tom Sawyers Abenteuer*" und ein humoristisches Buch voller „zwerchfellerschütternder Geschichten, verschmitzter Anspielungen auf die Schwachstellen der Gesellschaft und Schilderungen von Abenteuern der witzigsten Art"[4], womit den einschlägigen Mißverständnissen der Weg gewiesen und die Rezeption des Buches in eine fatale Richtung gesteuert wurde. Dabei besagt die Tatsache, daß Mark Twain in einem zweiten Buch an seinen Helden Tom Sawyer und Huckleberry Finn festhält, doch eigentlich noch gar nichts über den Geist, in dem er dies tut – ansonsten hätte er nicht einige Jahre später folgende Idee zu einem (allerdings nicht realisierten) dritten ‚Teil' notieren können:

> Huck, jetzt sechzig Jahre alt, kehrt heim, keiner weiß woher – und er ist übergeschnappt. Glaubt, er ist wieder ein Junge, und sieht sich jedes Gesicht genau an, ob das vielleicht Tom ist oder Becky usw. Schließlich kommt auch Tom zurück, der [...] durch die Welt gezogen ist, und kümmert sich um Huck, und zusammen reden sie von den alten Zeiten, beide sind verzweifelt, das Leben ist ein einziger großer Fehlschlag gewesen, alles, was liebenswert war, was schön war, liegt unter der Erde. Zusammen sterben sie.[5]

---

4 Zitiert nach Michael Patrick Hearn, „Einleitung", in ders. (Hg.), *Alles über Huckleberry Finn. Abenteuer von Huckleberry Finn (Tom Sawyers Kamerad)* von Mark Twain, üb. v. Friedhelm Rathjen (Hamburg: Europa 2003), S. xi-clv, hier S. lxiii f.

5 Übersetzt nach Robert Park Browning, Michael B. Frank u. Lin Salamo (Hg.), *Mark Twain's Notebooks and Journals*, Bd. 3 (Berkeley u. Los Angeles: University of California Press 1975), S. 606.

Wie dieser Themenentwurf zeigt, war Mark Twain seinem Wesen gemäß eigentlich alles andere als ein freundlich-seichter Humorist.

Die vom Verlag lancierte Vorgabe, beim *Huckleberry Finn* handele es sich um eine Art Fortsetzung des *Tom Sawyer* in einem kaum veränderten Stil, hatte schon bei der zeitgenössischen Kritik fatale Folgen. Das neue Buch wurde als humoristisches Kinderbuch gelesen – und unter dieser Prämisse weithin als „Schund" wahrgenommen und bewertet. Die Jugendschriftstellerin Louisa May Alcott beispielsweise, die zu den bekanntesten literarischen Persönlichkeiten des Landes zählte, urteilte: „Wenn Mr. Clemens nichts Besseres einfällt, was er unseren so reinen Buben und Mädeln erzählen kann, dann sollte er besser aufhören, für sie zu schreiben"[6] – daß Twain im *Huck Finn* eigentlich gar nicht mehr für die „reinen Buben und Mädel" schrieb, war ihr nicht aufgegangen. Aber selbst in einer sehr freundlichen Besprechung, die Ende 1884 im *Athenæum* in London erschien, wurde wie selbstverständlich davon ausgegangen, daß Mark Twains neues Buch in erster Linie für Kinder und Jugendliche gedacht sei: „In *Huckleberry Finn* kehrt er zu seinem eigentlichen Ansinnen zurück und ist wieder der Mark Twain von früher. Es ist ein Buch, wie nur er es schreiben kann. Es ist für Jungen gedacht; doch es gibt nur wenige Erwachsene (hoffen wir zumindest), die daran, wenn sie erst einmal mit der Lektüre angefangen haben, kein Vergnügen finden werden."[7]

---

6 Übersetzt nach Justin Kaplan, *Mr. Clemens and Mark Twain* (New York: Simon & Schuster 1974), S. 268.

7 Übersetzt nach Michael Patrick Hearn, „Introduction to *The Annotated Huckleberry Finn*", in ders. (Hg.), *The Annotated Huckleberry Finn*, a.a.O., S. xiii-clxv, hier S. lxxiv f. (in der deutschen Ausgabe *Alles über Huckleberry Finn* gestrichen).

Die Rezeption des Buches im Zeichen der doppelten Rubrizierung unter „Vergnügen“ und „Jugend“ führte sogleich zu dem, was kommen mußte – wohlmeinende Pädagogen erkannten das Werk als „Schund“, der auf jugendliche Leser verderblich wirken müsse, und aus diversen Schulbibliotheken und den Jugendabteilungen öffentlicher Büchereien wurde der *Huckleberry Finn* entfernt. Dies wiederum stachelte das Interesse genau jener jugendlichen Leserschaft, die von Moralaposteln vor dem Buch bewahrt werden sollte, ganz besonders an und trieb die Verkaufszahlen in die Höhe. Das Mißverständnis, es handele sich um ein lustiges Jugendbuch, war damit bis auf weiteres installiert. Folgen hatte das vor allem bei nachfolgenden Lizenz-, Sonder- und Übersetzungsausgaben in vielfacher Weise, beispielsweise bei der Ausstattung und Bebilderung des Buches. Als vermeintliches Kinder- oder Jugendbuch wurde der *Huck Finn* zumeist auf ‚lustige‘ und ‚niedliche‘ Weise illustriert; dies läßt sich selbst bei originalsprachlichen Ausgaben ungekürzter Textfassungen beobachten, bei denen der Text eine ganz andere Sprache spricht als die Bebilderung, kommt aber noch ungehemmter bei übersetzten Ausgaben zur Geltung, weil in diesen dann auch die Übersetzung vielfach ‚lustiger‘ und ‚niedlicher‘ ausfällt als der Originaltext. Die meisten Illustratoren deutscher *Huckleberry-Finn*-Übersetzungen neigen also zur Idyllisierung und Verniedlichung; das gilt namentlich für die vielfach nachgedruckten Abbildungen, die Walter Trier für das Buch schuf. (Am ehesten der Vielschichtigkeit des Romans gerecht werden die neueren *Huckleberry-Finn*-Illustrationen von Emil Zbinden (Büchergilde Gutenberg 1966), Klaus Ensikat (zuerst für die 1978er Ausgabe des Verlags Neues Leben), Werner Blaebst (Loewes Verlag 1985) und Pierre Thomé (Haffmans 1997).) Solche Tendenzen sind durchaus langlebiger als die Mißverständnisse, auf denen sie ursprünglich beruhen. So mehren sich zwar schon seit den 20er Jahren deutsche *Huck-Finn*-Ausgaben, in deren Vor- oder Nachworten beteuert wird, Twain sei „nicht nur Humorist“, in der Regel findet diese Erkenntnis dann aber keinerlei Niederschlag in den Illustrationen – und auch nicht in der jeweiligen Übersetzung, der die Vor- oder Nachworte beigegeben sind.

Sollte es überhaupt noch eines Nachweises bedürfen, daß Mark Twain den *Huckleberry Finn* eben *nicht* als Kinder- oder Jugendbuch geschrieben hat, so mag als ein solcher Nachweis das Manuskript der ersten Romanhälfte dienen, das 1990 auf einem Dachboden in Hollywood entdeckt wurde und einen Text präsentiert, der an einigen wenigen Stellen noch spürbar schärfer ist als der schließlich publizierte (Mark Twain beugte sich vor der Publikation seiner Bücher in der Regel dem Veto seiner Frau, die eine strenge Zensorin sein konnte, wenn sie Verstöße gegen Sitte und Anstand ausmachte). In der Urfassung von Kapitel 19 beispielsweise beantwortet der Schwindler, der sich „König“ nennt, die Frage nach seinen Tätigkeitsgebieten folgendermaßen:

> Predigterarbeit hauptsächlich – fast bald jede Art Predigterarbeit: Festivitäten in Gang bringen oder auf die Beine stellen; Erweckungsversammlungen drehen; ‚Amtsausübung‘ für ’nen Prediger, wo mal ’ne Woche pausieren will; und missionierern. Steckt mehr Geld drin, in Missionierern, als in den andern Sachen; die Leute schmeißen für Heiden den Zaster mächtig freigebig in ’n Pott, wennste denen die Heiden nur bloß weit genug weg ansiedelst. Ich hab da nicht weniger als siebzehn Dollars auf einen Streich abgeschöpft, für die armen umnächtigten Goojoos – hab die selber erfunden – hab die ’n schönes Stück weg gleich hinterm Nordpol angesiedelt. Und wie ich merk, daß

> das so gut läuft, hab ich mich das nächste Mal ganz orntlich ins Zeug gelegt und die auf 'nem Kometen angesiedelt und mir dabei ausgerechnet, ich würd die Gemeinde wohl richtiggehend schröpfen – ist aber gar nicht gut gelaufen. Die wollten nicht einen müden Heller springen lassen – und hat auch nicht mehr viel gefehlt, und die hätten mich hopsgenommen. Hab seinerzeit viel so in Richtung Dokter prakterziert. Handauflegen is' meine Spezialität – gegen Krebs und Lähmungen und so'che Sachen; un' ich kann ganz orntlich die Zukunft weissagen, wenn ich einen dabei hab, der wo die Tatsachen für mich rauskriegt. Predigern is' auch mein Fach; un' Erweckungsversammlungen drehen; un' rummissionierern.[8]

Von dieser Darlegung, die mit der allgemeinen Vorstellung von einem humoristischen Kinderbuch des 19. Jahrhunderts wohl kaum in Einklang zu bringen ist, blieben in der publizierten Fassung nur die beiden Schlußsätze (ab „Hab seinerzeit“) stehen. Im darauffolgenden Kapitel 20 führt der „König“ dann seine Fertigkeiten in Sachen „Predigterarbeit“ und „Missionierern“ im Rahmen einer Szene vor, in der Mark Twain auf grandios satirische Weise die Bigotterie der von ihm eingefangenen Gesellschaft aufs Korn nimmt – und auch diese Szene konnte nur in abgeschwächter Form im Buch erscheinen. Die Originalfassung lautet:

> Im ersten Schuppen, wo wir hinkamen, sprach der Prediger gerade 'nen Choral vor. Er hat zwei Verse

8 Übersetzt nach Mark Twain, *Adventures of Huckleberry Finn* [Umschlaguntertitel: *The Only Comprehensive Edition*], Introduction by Justin Kaplan, Foreword and Addendum by Victor Doyno (New York: Random House 1996), S. 167.

vorgesagt, dann sang die jeder – **röhrte die drauflos so richtiggehend**, auf so ’ne **absolut** schmissige Art

„Bin ich vom Kreuze ein Soldat,
Ein Diener diesem Lamme,“ –

- dann sagte der Prediger die nächsten beiden vor:

„Und folge ängstlich seiner Tat
Und werde rot bei seinem Namen?“

– und so fort. Die Leute sind mehr und mehr aufgewacht und sangen lauter und lauter; und so gegen Ende fingen welche zu stöhnen an und welche zu schluchzen. Dann fing der Prediger das Predigern an; **und wurde sogleich richtig warm dabei**; und schlingerte da so hin und her, erst zur einen Seite von der Tribüne und denn zur andern und lehnte sich dann vorn in der Mitte runter, und die Hände und der Leib waren die ganze Zeit so amgange, und er bölkte die Worte mit aller Kraft **und Stärke** raus, **so daß man den ’ne Meile weit hören konnte**; und alle paar Augenblick hat er seine Bibel hochgehalten und weit aufgeblättert und die so irngwie mal hierhin und mal dahin wie rumgereicht und dabei gebölkt: „Das ist die eherne Schlange in der Wüste – **ah**! Blicket auf sie, und ihr sollet leben – **ah**!“ Und denn haben die Leute immer losgegrölt: „**Ho-o-si-anna**! – A-a-*men*!“ **und so fort, und als nächstes dann legte er die Bibel hin und taumelte da so auf der Bühne rum und kam ziemlich rasch wieder zu der Bibel zurückscharwenzelt und griff sich die rabatz mit der Faust und krakelte – „Hier ist er! der Fels des Heils – ah!“ Und so ging's denn weiter bei ihm mit seinem Getobe, und die Leute zwischendurch immer am Stöhnen und am Schluchzen, und am Aufspringen und einander am Herzen, und überall flutschten die *Amens* nur** so drauflos. Alle paar Augenblick, da hat er geradewegs auf einzelne Leute *ein*gepredigt, die wo von welchen er sah, daß die aufgewühlt waren:

„Der Geis wirkt in dir, Bruder – schüttel ihn nicht ab – ah! – Jetzt ist der rechte Augenblick – ah! (*A-a-men*!) Des Teufels Klaue lockert den Griff an dir, Schwester – schüttel ihn ab, schüttel ihn ab – ah! Nur noch einmal geschüttelt, und der Sieg ist erlangt – ah! (*Steig herab, mein Herr*!) Die Hölle steht in Flammen, das Königreich steht bevor – ah – nur noch einmal schütteln, Schwester, nur noch einmal schütteln, und deine Ketten sind entzwei – ah! (*Hosianna hal-lelujah*!) O, kommet zur Büßerbank! kommet, die ihr da schwarz von Sünde! (*Amen*!) kommet, die ihr da krank und elend! (*Amen*!) kommet, die ihr da lahm und gebrechlich und blind! (*Amen*!) kommet, die ihr da arm und in Not und in Schande gefallen! (*A-a-men*!) kommet all, die ihr da mühselig und beladen und gramgeprüft! kommet gebrochnen Mutes! kommet zerknirschten Herzens! kommet in Lumpen und Sünde und Schmutz! des Wassers, so euch reinwaschet, wird frei gegeben, das Tor zum Himmelreiche steht euch auf – o, tretet ein in die immerwährende Ruhestatt!“ (*A-a-men! Ho-o-si-anna! hosianna! Steig herab, mein Herr!*)

Und so weiter. Man konnte bei dem ganzen Gejuchze und Geschreie und Geschluchze gar nicht mehr mitkriegen, was der Prediger sagte. Überall in der Menge standen Leute auf und bahnten sich mit aller Gewalt einen Weg zur Büßerbank, und die Tränen strömten denen über’s Gesicht; und auf dem Wege dorthin wurden sie von dem Volks geherzt und mit Tränen begossen. Und noch schlimmer wurd’s, wie die Büßer alle da bei ’n vorderen Bänken versammelt waren, da haben die sich **geherzt** und geschrien und sich da auf so 'ne wilde Art auf das Stroh niedergeschmissen, **und die wälzten sich da rum,** ganz wie von Sinnen waren die. **So eine fette Niggerin um die vierzig rum war die Schlimmste von allen. Die weißen Trauernden konnten sich die nicht vom Leibe halten, egal, wie sie's auch anstellten – sobald einer sich befreit hatte, umklammerte sie den nächsten und drückte dem die Luft ab. Als nächstes sank sie ins Stroh hin, zusammen mit den andern allen, und wälzte sich da rum und griff mit ihren Krallen in den Dreck und grölte hosianna hallelujah, genau wie die andern das taten.**

Nu, bevor ich's mich verseh, hat der König losgelegt. **Er wurde langsam warm, und so nach und nach übertrumpfte er sie alle in Sachen Juchzen und Herzen und Rumwälzen. Und wie alles so ziemlich auf dem Höhepunkt war,** ist er auf die Tribüne hochgestürmt **und hat seine Arme dem Prediger um den Hals geworfen und angefangen, den zu herzen und zu küssen und über ihn herzuheulen und ihm zu danken, vonwegen daß er ihn errettet hatte. Der Prediger nahm das so gut auf, daß er den König gebeten hat,** er solle doch zu den Leuten sprechen, und das tat er auch. Er **heizte denen auch ordentlich ein – erzählte ihnen**, er wär 'n Pirat – wär dreißig Jahre lang 'n Pirat gewesen, draußen auf dem Indischen Ozean, und letztes Frühjahr bei 'nem Gefecht sei seine Mannschaft ziemlich aufgerieben worden, und jetzt sei er gerade nach Haus, um frische Leute mit rauszunehmen, und dem Himmel sei Dank sei er letzte Nacht ausgeraubt und ohne einen Cent von einem Dampfboot aus an Land gesetzt worden, und darüber sei er **hosianna hallelujah richtig** froh, das sei das Segensreichste, was ihm jemals widerfahren wär, weil jetzt, **da sei**

er religiös geworden und sei ein andrer Mensch geworden und zum ersten Mal in seinem Leben glücklich; und so arm er auch sei, wollt er sich jetzt auf der Stelle aufmachen und sich seine Reise zurück auf den Indischen Ozean verdienen und den Rest von seinem Leben drauf verwenden, die Piraten **zu bekehren und sie** auf den rechten Weg zurückzubringen: denn er könnt das besser tun als wie irngwer sonst, wo er doch mit den ganzen Piratenmannschaften auf dem Ozean da bekannt sei; und wiewohl er ganz schön lange brauchen würd ohne Geld, um hinzukommen, irngwie käme er auf jeden Fall schon hin, und jedesmal, wenn er einen Piraten rumgekriegt hatte, wollt er zu dem sagen: „Nicht mir sollst du danken, schreib es nicht mir zu, das geht alles auf das Konto von diesen lieben Leuten auf der Erweckungsversammlung von Pokeville, wahren Brüdern und Wohltätern vom Menschengeschlechte – und auf das von jenem lieben Prediger da, **welcher die Worte gesprochen, die welche meine Seele entflammt und von jenem andern Feuer errettet, welches auf immerdar brennet – hosianna hallelujah**!

Und dann ist er in Tränen ausgebrochen, und da sind sie's alle; **und er hat den Prediger geherzt und ihn wieder vollgeheult, und alle haben sie einander geherzt und A-a-*men*! und so diese Art Zeugs drauflosgesungen**. Dann ruft einer: „Macht 'ne Kollekte für ihn, macht 'ne Kollekte!“ Nu, 'n halbes Dutzend ist aufgesprungen, das zu tun, aber irngwer ruft: „Laßt ihn den Hut rumgehen lassen!“ Das haben dann alle gesagt, auch der Prediger.

Also ist der König in der ganzen Menge mit dem Hut rumgegangen und war sich die Augen am Wischen und hat die Leute gesegnet und sie gepriesen und ihnen gedankt, daß die so gut zu den Piraten in der Ferne

> wären; und alle paar Augenblick sind die hübschesten Mädchen, denen die Tränen die Backen runterliefen, auf und fragen ihn, ob sie ihn küssen dürften, damit sie später mal an ihn denken würden; und der hat sie immer gelassen; und paar von denen hat er nicht weniger als fünf- oder sechsmal geherzt und geküßt – und er wurd eingeladen, 'ne Woche lang dazubleiben, und alle wollten, daß der bei ihnen mit wohnt, und sagten, sie würden meinen, das wär 'ne Ehre; aber er hat gesagt, weil dies der letzte Tag von der Erweckungsversammlung war, könnt er doch nichts Gutes mehr tun, und außerdem würd er drauf brennen, daß er geradwegs wieder zum Indischen Ozean käme und sein Werk an den Piraten aufnehmen.[9]

Alles, was ich der Deutlichkeit halber hier durch Fettdruck gekennzeichnet habe, wurde von Mark Twain vor der Drucklegung gestrichen oder modifiziert. Fast verwundert es, daß wenigstens der letzte Absatz einschließlich der Mädchenküsserei unverändert blieb; in diesem Fall beschränkte sich der Autor darauf, vorsichtshalber jede Illustration zu dem „lüsternen alten Gauner, wie er bei der Erweckungsversammlung das Mädchen küßt", zu untersagen:

> Das ist mächtig gut, aber dazu dürfen wir uns nicht hinreißen lassen – bitte nicht vergessen. Laß uns *überhaupt* keine Bilder von der Erweckungsversammlung reinnehmen. Dieses Thema *verträgt* keine Illustrationen. Das ist ein widerliches Thema, und Bilder können nicht umhin, das unmißverständlich auszudrücken.[10]

---

[9] Übersetzt nach ebd., S. 178-181.

[10] Übersetzt nach Hamlin Hill (Hg.), *Mark Twain's Letters to His Publishers* (Berkeley u. Los Angeles: University of California Press 1967), S. 260 (Mark Twain an Charles L. Webster, 11. Juni 1884).

So gesehen war es also auch Mark Twain selbst, der die Tradition der entschärfenden *Huck-Finn*-Illustrationen begründet hat!

Der Vergleich von Ur- und publizierter Fassung der Erweckungsversammlungsszene zeigt zweierlei, nämlich erstens, daß Mark Twain durchaus bereit war, aus Gründen der Rücksichtnahme den empfindlicheren Teilen seines Publikums gegenüber auf die schärfsten Spitzen seiner Satire zu verzichten, und zweitens, daß das, was übrig blieb, dennoch immer noch eine harsche Kritik an historischen Zuständen darstellt, die mit dem Irrglauben, der *Huckleberry Finn* sei ein Kinder- oder Jugendbuch, keineswegs vereinbar ist. Der Roman ist etwas ganz anderes.

Und das geht auch aus dem zweiten Vorspruch hervor, den Mark Twain seinem Buch voranstellte. Unter der Überschrift „EXPLANATORY“ erklärt er da etwas, was den literarischen Anspruch des Romans ausdrücklich untermauert (S. 5):

> In this book a number of dialects are used, to wit: the Missouri Negro dialect; the extremest form of the backwoods South-Western dialect; the ordinary ‘Pike-County’ dialect; and four modified varieties of this last. The shadings have not been done in a haphazard fashion, or by guess-work; but painstakingly, and with the trustworthy guidance and support of personal familiarity with these several forms of speech.
>
> I make this explanation for the reason that without it many readers would suppose that all these characters were trying to talk alike and not succeeding.
>
> THE AUTHOR

Diese Erklärung ist keineswegs eine launige Grille, sondern in jeder Hinsicht ernstgemeint; tatsächlich lassen sich die genannten Dialektvarianten im *Huckleberry Finn* alle identifizieren und voneinander unterscheiden. Für alle Übersetzer, die das Buch angehen, muß die Erklärung aber zunächst extrem abschreckend wirken, denn sie wissen nun, vor welcher Aufgabe sie stehen – zumindest dann, wenn sie das Buch so ernst nehmen, wie es ausdrücklich genommen werden will: sie müssen ebenfalls sieben verschiedene Dialektabstufungen schaffen; und sie müssen, falls ihnen diese aberwitzige Aufgabe nicht gelingt, damit rechnen, daß ihnen jeder Leser deswegen die „Explanatory" Mark Twains um die Ohren haut. Der Königsweg, den die allermeisten deutschen Übersetzer zur Lösung dieses intrikaten Doppelproblems eingeschlagen haben, geht schlagend aus der folgenden Synopse dessen hervor, was in den einzelnen Fassungen aus der „Explanatory" geworden ist:

Henny Koch 1890: (fehlt)
H. Hellwag 1902: (fehlt)
Marie Schloß 1913: (fehlt)
Ulrich Steindorff 1921: (fehlt)
Carl Hartz 1925: (fehlt)
Walter Keiler 1927: (fehlt)
Julie Mathieu 1938: (fehlt)
Karl Löbl / Ludwig Voggenreiter 1939: (fehlt)
Rudolf Eger 1944: (fehlt)
Franz Geiger 1947: (fehlt)
S.L. Sigwart 1948: (fehlt)
Günter Günther 1948: (fehlt)
Hans Achim Weseloh 1950: (fehlt)
Fred Wübben 1951: (fehlt)
L. Wohlfahrt 1952: (fehlt)
Irma Silzer 1953: (fehlt)
Wolfram Gramowski 1954: (fehlt)
Karl Heinz Berger 1955: (fehlt)
Rainer Lübbren 1956: (fehlt)

Barbara Cramer-Nauhaus 1956: (fehlt)
Gisela Eppe 1958: (fehlt)
Hertha Lorenz 1962: (fehlt)
Werner Faßhauer 1962: (fehlt)
Lore Krüger 1963: „ZUR ERKLÄRUNG / Im vorliegenden Buch werden eine Anzahl von Dialekten benutzt, nämlich der Negerdialekt von Missouri, die extremste Form des südwestlichen Hinterwäldlerdialekts, der gewöhnliche Pike-County-Dialekt und vier gemilderte Abarten des letzteren. Die Schattierungen sind nicht auf gut Glück und beliebig, sondern sehr sorgfältig vorgenommen worden, mit Hilfe der vertrauenswürdigen Anleitung und Unterstützung durch persönliche Vertrautheit mit diesen verschiedenen Sprachformen. / Ich gebe diese Erklärung, weil ohne sie wohl viele Leser annehmen mögen, daß sich alle Personen bemühen, auf die gleiche Weise zu sprechen, ohne daß es ihnen gelingt. / Der Autor“ (S. 11)
Willy Borgers 1964: (fehlt)
Ilona Paar 1964: (fehlt)
Martin Beheim-Schwarzbach 1966: (fehlt)
Rudolf Herrmann 1969: (fehlt)
Brigitte Helmstaedt 1970: (fehlt)
Anon. ca. 1972 (Tosa Verlag, „Für die Jugend neu bearbeitet“): (fehlt)
Sybil Gräfin Schönfeldt 1978: „Zur Erklärung / In diesem Buch werden eine Anzahl von Dialekten benutzt, nämlich der Neger-Dialekt von Missouri, die extremste Form des südwestlichen Hinterwäldler-Dialekts, der normale Pike-County-Dialekt und vier gemilderte Abarten dieses letzten Dialektes. Die Spielarten sind nicht auf gut Glück und willkürlich entstanden, sondern sehr sorgfältig und mit Hilfe der verläßlichen Unterstützung

persönlicher Vertrautheit mit diesen verschiedenen Sprachformen. / Ich gebe diese Erklärung, weil ohne sie sicher viele Leser annehmen könnten, daß alle Personen versuchten, auf die gleiche Weise zu sprechen, ohne daß es ihnen gelänge. / Der Autor“ (S. 5)

Günter Sachse 1985: (fehlt)

Regine Stigloher 1985: (fehlt)

Ekkehard Schöller 1991: „Erklärung / In diesem Buch werden eine Reihe von Dialekten benutzt, nämlich: der Missouri-Negerdialekt, die extremste Form des hinterwäldlerischen Südwestdialekts, der gewöhnliche ‚Pike-County‘-Dialekt und vier gemäßigte Varianten des letzteren. Diese Schattierungen sind nicht willkürlich oder auf gut Glück vorgenommen worden, sondern sorgfältig und mit dem zuverlässigen Rat und der Unterstützung, die der Autor aus der persönlichen Vertrautheit mit diesen verschiedenen Sprachformen gewonnen hat. / Ich gebe diese Erklärung deshalb ab, weil sonst manche Leser meinen könnten, daß alle Figuren gleich zu sprechen versuchen und es ihnen nicht gelingt. / DER AUTOR“ (S. 5)

Maria Czedik-Eysenberg 1991: (fehlt)

Dirk Walbrecker 1995: (fehlt)

Wolf Harranth 1995: „ZUR ERKLÄRUNG / In diesem Buch werden mehrere Dialekte benutzt, nämlich der Negerdialekt von Missouri, die extremste Form des Hinterwäldler-Dialekts im Südwesten, der übliche Pike-County-Dialekt und vier gemilderte Abarten desselben. Die Schattierungen wurden nicht beliebig oder auf gut Glück vorgenommen, sondern mit großer Sorgfalt, die sich auf die persönliche Vertrautheit mit jenen unterschiedlichen Sprachformen stützt. / Ich gebe diese

Erklärung ab, weil ohne sie viele Leser annehmen könnten, daß sich alle Personen vergeblich bemühen, auf gleiche Weise zu sprechen.“ (S. 6)

Friedhelm Rathjen 1997: „ERKLÄRUNG / In diesem Buch wird eine Reihe von Dialekten benutzt, und zwar: der Missouri-Negerdialekt; die extremste Form des hinterwäldlerischen Südwestdialekts; der gewöhnliche ‚Pike-County‘-Dialekt; und vier gemäßigte Varianten dieses letzteren. Die Schattierungen sind keineswegs aufs Geratewohl oder auf gut Glück ausgeführt worden; sondern mit peinlicher Sorgfalt und der verläßlichen Leitung und Unterstützung durch die persönliche Vertrautheit mit diesen unterschiedlichen Redeweisen. / Ich gebe diese Erklärung aus dem Grunde ab, daß ohne dieselbe etliche Leser annehmen möchten, alle diese Figuren seien darauf aus, gleich zu reden, ohne daß ihnen dies gelänge. DER AUTOR“ (S. 6)

Wendelinus Wurth 1997: „ERKLÄRENDES / In diesem Buch werden eine Reihe von Dialekten gebraucht, nämlich: der Missouridialekt der Schwarzen; die extremste Form des südwestlichen Hinterwäldlerdialekts; der gewöhnliche ‚Pike-County‘ Dialekt und vier gemäßigte Spielarten dieses letzteren. Die Schattierungen sind nicht aufs Geratewohl verteilt, oder durch Raterei, sondern gewissenhaft und durch die zuverlässige Führung und Unterstützung persönlicher Vertrautheit mit diesen Sprecharten. / Ich gebe diese Erklärung aus dem Grunde, weil ohne sie viele Leser annähmen, daß alle diese Charaktere gleich zu reden versuchten und es ihnen nicht gelänge. / Der Autor“ (S. 6)

Alle Übersetzer vor Lore Krügers heroischer Bemühung von 1963 und auch die meisten danach lassen also die Erklärung vorsichtshalber ganz weg, und zwar mutmaßlich deshalb, weil sie nur so verschleiern können, daß ihre Fassungen die geforderte dialektale Vielfalt überhaupt nicht aufweisen. Streng genommen reicht dieser Vergleich dessen, wie mit der „Explanatory“ verfahren wurde, schon aus, um den Kreis derjenigen Fassungen drastisch zu reduzieren, die als *Huckleberry-Finn*-Übersetzungen ernstgenommen werden möchten: es sind nur sechs Fassungen, nämlich die von Lore Krüger (1963), Sybil Gräfin Schönfeldt (1978), Ekkehard Schöller (1991), Wolf Harranth (1995), Friedhelm Rathjen (1997) und Wendelinus Wurth (1997). Dennoch möchte ich im folgenden auch die anderen Fassungen weiter berücksichtigen, denn erstens ist nicht auszuschließen, daß der Wegfall der Vorbemerkung im einen oder anderen Fall dem Verlag und nicht dem Übersetzer anzulasten ist, und zweitens würden wir bei der Konzentration auf die genannten sechs Fassungen die Geschichte deutscher *Huckleberry-Finn*-Übersetzungen um manchen kuriosen Höhepunkt berauben.

Der drastischste und für alle Übersetzer am schwierigsten umzusetzende aller Dialekte, die im *Huckleberry Finn* vorkommen, ist fraglos der Jargon der schwarzen Sklaven. Zur Mitte des 19. Jahrhunderts war es Schwarzen noch bei Strafe verboten, lesen und schreiben zu lernen, für sie war also ihre Muttersprache – das Englische – eine rein mündlich erlernte, benutzte und weitergegebene Sprache, was zu extremen Sprachabschleifungen führte, wie sie für mündliche Sprache naturgemäß typisch sind – bei Schriftsprache fungiert die Orientierung an der Schrift und auch an den erlernten Strukturen und Gesetzen der Grammatik immer als normierendes Korrektiv. Bei der Sprache, die die schwarzen Sklaven im *Huckleberry*

Finn sprechen, gibt es keine feste Norm, kein Korrektiv und keine den Sprechern bewußte Grammatik, es gibt nur einen durchs Hören erlernten Wortschatz und durch Gewohnheiten eingeschliffene sprachliche Strukturen. Gleichzeitig handelt es sich keineswegs um eine (womöglich nicht richtig beherrschte) Fremdsprache, sondern um die von Geburt an benutzte Muttersprache, die entsprechend geschmeidig und vielfältig gebraucht wird. Zur schriftlichen Wiedergabe dieser Sprechweise bedient sich Mark Twain einer elisionsreichen Notationsform, die einerseits phonetisch am tatsächlichen Sprechen orientiert ist, andererseits aber auch die Norm eines schriftlichen Idealenglisch und die im Sprechen praktizierten Abweichungen davon als solche durchscheinen läßt. Das besondere Problem deutscher Übersetzer ist nun, daß es eine vergleichbare deutsche Sprachform nicht gibt (erfreulicherweise hat sich kein entsprechendes Sklavendeutsch entwickeln können, da es im deutschen Sprachraum nie einen Bevölkerungsanteil afrikanischstämmiger Sklaven gegeben hat); bei der Übersetzung solcher Passagen stellt sich also die Alternative, entweder den Sklavendialekt in einen bestehenden deutschen Dia- oder Soziolekt (oder gar in ein Normdeutsch) zu überführen oder aber in Anlehnung an den im Originaltext jeweils gegebenen Abstand von der Norm korrekten englischsprachigen Sprechens neue deutsche Dialektvarianten zu kreieren, die einen ähnlichen Abstand zu korrektem Deutsch aufweisen – etwa dadurch, daß in der deutschen Version genau solche Verschleifungen, Elisionen, Lautverschiebungen etc. vorgenommen werden, wie sie im quellsprachlichen Text vorliegen, und sie auch auf eine ähnliche Weise orthographisch fixiert werden (etwa durch die vielen Auslassungszeichen), wie Twain selbst das macht. Diese zweite Möglichkeit ist diejenige, nach der ich selbst in meiner Übersetzung gestrebt habe;

andere Übersetzer haben naturgemäß andere Lösungen gewählt.

Als erstes Beispiel für das, was deutsche Übersetzer mit und aus dem Sklavenjargon machen, möchte ich die Schlußsätze von Kapitel 8 vorstellen. Hucks Begleiter, der entlaufene Sklave Jim, räsoniert hier darüber, daß er zwar kein Geld hat, aber doch nicht arm ist, da auf seine Ergreifung achthundert Dollar ausgesetzt sind – soviel ist er folglich wert: „Yes – en I's rich now, come to look at it. I owns mysef, en I's wuth eight hund'd dollars. I wisht I had de money, I wouldn' want no mo'." (S. 92) Die Übersetzer machen daraus folgendes:

Henny Koch 1890: „Warraftig! Un Jim sein schon reich jetzt! Jim sein doch sein eigen Herr! Hätten er nur die Geld, arme Jim, mehr er gar nix wollen!" (S. 67)

H. Hellwag 1902: „Ja – ich jetzt sein reich, du nur aufpassen. Ich gehören mir selbst und das mehr sein wie 1100 Dollar." (S. 68)

Marie Schloß 1913: „Ja, das kann ich! Und ist Jim nicht auch reich jetzt, wo er sein eignes Herr und wissen, er sein wert achthundert Dollars?" (S. 64)

Ulrich Steindorff 1921: „Ja, – un ich sein reich jetzt, du sehn her. Ich besitzen Jim selber, un Jim sein wert achthundert Dollars. Wenn ich möchten diese Geld haben, ich würden nix weiter wünschen." (S. 78)

Carl Hartz 1925: (fehlt wg. Kürzung, S. 180)

Walter Keiler 1927: (fehlt wg. Kürzung, S. 246)

Julie Mathieu 1938: (fehlt wg. Kürzung, S. 54)

Karl Löbl / Ludwig Voggenreiter 1939: „Ja, ich jetzt reich sein, du hersehen. Ich mich selbst gehören und achthundert Dollar wert sein. Ich wünschen, dies Geld haben, ich sonst nix mehr wünschen." (S. 70)

Rudolf Eger 1944: (fehlt wg. Kürzung)

Franz Geiger 1947: „Ja, ich jetzt reich sein, du hersehen. Ich mich selbst gehören und achthundert Dollars wert sein. Ich wünschen, dies Geld haben, ich sonst nix mehr wünschen.“ (S. 59)

S.L. Sigwart 1948: „Ja, und ich sein reich schon jetzt, wenn ich richtig betrachten. Ich mich ja besitzen – – mich selbst – – und ich ja wert sein achthundert Dollar! Wie schön, wenn ich hätten das Geld! Ich brauchen nicht mehr als das!“ (S. 54)

Günter Günther 1948: „Oh, Jim auch nicht traurig sein deswegen. Jim schon jetzt sehr reich sein, da wissen, daß er achthundert Dollar wert sein!“ (S. 53)

Hans Achim Weseloh 1950: (fehlt wg. Kürzung, S. 45)

Fred Wübben 1951: (fehlt wg. Kürzung, S. 231)

L. Wohlfarth 1952: „Warraftig! Jim sein jetzt schon reich, Jim jetzt sein eigen Herr! Jim nix mehr wollen, hätten er die Geld!“ (S. 64)

Irma Silzer 1953: „Und ich sein ja auch reich, wenn ich's bedenken. Ich mich selbst haben und ich selbst sein achthundert Dollar wert. Wenn Jim nur so viel hätten, mehr er ja gar nicht wollen.“ (S. 60)

Wolfram Gramowski 1954: (fehlt wg. Kürzung, S. 29)

Karl Heinz Berger 1955: „Ja. Und jetzt ist Jim auch sehr reich. Er ist sein eigner Herr, und das ist mehr wert als hundert Doller. Jim wollt immer das Geld zurück haben. Aber nu mag Jim 's gar nicht mehr.“

Rainer Lübbren 1956: „Ja, und ich sein schon jetzt reich. Ich haben mich selbst, und das sein wert achthundert Dollar. Ich möchten haben das Geld, und ich würden sein zufrieden.“ (S. 52)

Barbara Cramer-Nauhaus 1956: „Ja – und ich sein schon jetzt reich, passen du auf. Ich besitzen mich selber, und ich sein wert achthundert Dollars. Ich wünschen nur, ich haben das Geld, ich würden nix mehr wollen." (S. 75)

Gisela Eppe 1958: (fehlt wg. Kürzung, S. 25)

Hertha Lorenz 1962: „Ja, ich jetzt reich sein, du hersehen. Ich mich selbst gehören und achthundert Dollar wert sein. Ich wünschen, dies Geld haben, ich sonst nix mehr wünschen." (S. 226)

Werner Faßhauer 1962: „Ja, wahrhaftig. Und Jim jetzt schon reich, wo sein freier Herr und wissen, daß wert sein achthundert Dollar." (S. 53)

Lore Krüger 1963: „Ja, und ich bin sogar jetzt reich, wenn man's richtig nimmt. Ich besitz mich doch selbst, und ich bin ja achthundert Dollar wert. Ich wollt, ich hätt das Geld, mehr braucht ich gar nicht." (S. 72)

Willy Borgers 1964: (fehlt wg. Kürzung, S. 66)

Ilona Paar 1964: „Ja, ich jetzt reich sein, du hersehen. Ich mir selbst gehören und achthundert Dollar wert sein. Ich wünschen, dies Geld haben, ich sonst nix mehr wünschen." (S. 60)

Martin Beheim-Schwarzbach 1966: „Tja! Aber ich schon jetzt reich. Jetzt eigener Herr, und sein wert achthundert Dollar. Wenn ich die erst haben, gar nix mehr haben wollen." (S. 244)

Rudolf Herrmann 1969: „Jim ist schon reich, sehr reich. Er ist sein eigener Herr, und das ist mehr wert als hundert Dollar." (S. 244)

Brigitte Helmstaedt 1970: (fehlt wg. Kürzung)

Anon. ca. 1972 (Tosa Verlag, „Für die Jugend neu bearbeitet"): „Ja, ich jetzt reich sein, du hersehen. Ich mich selbst gehören und achthundert Dollar wert sein. Ich wünschen, dies Geld haben, ich sonst nix mehr wünschen." (S. 253)

Sybil Gräfin Schönfeldt 1978: „Ja, und jetzt bin ich sogar reich, genau betrachtet. Ich gehöre mir selbst, und ich bin achthundert Dollar wert. Ich wünschte nur, ich hätte das Geld, dann würd ich weiter nichts wollen." (S. 64)

Günter Sachse 1985: „Jawohl – bin aber jetzt schon reich, siehste: Ich hab' ja mich selber, achthundert Daler bin ich wert. Wünschte, ich hätte das Geld, mehr wollt' ich gar nich." (S. 64)

Regine Stigloher 1985: „Wenn man's genau nimmt schon. Der Sklavenhändler hat Miss Watson vorgerechnet, ich wäre achthundert Dollar wert. Und die gehören jetzt mir, sozusagen." (S. 24)

Ekkehard Schöller 1991: „Ja-a – un ich bin jetzt schon reich, wenn ich mir's genau anseh. Ich besitz mich selber, un ich bin achthunnert Dollar wert. Hätt ich bloß das Geld, mehr brauch ich gar net!" (S. 68)

Maria Czedik-Eysenberg 1991: „Ja – un ich jetzt reich sein, du sehn. Ich besitzen Jim selber, un Jim wert sein achthundert Dollar. Wenn ich möchten diese Geld haben, ich wollen nix weiter wünschen." (S. 52)

Dirk Walbrecker 1995: (fehlt wg. Kürzung)

Wolf Harranth 1995: „Jaa – und wann ich mirs recht überleg, binnichs jetzt schon: Ich gehör mir selbah und bin achhunnert Dollahs wert. Wann ich die hätt! Mit die hätt ich genug." (S. 78)

Friedhelm Rathjen 1997: „Ja – un' bin jetz' scho' reich, wenn ich mir 's rich'ig bekuck. Besitz ja mich selbs', un' ich bin ach'hunnert Dollars wert. Wollte bloß, 'ch hätt den Zaster, mehr brauch' ich ga'nich'." (S. 84)

Wendelinus Wurth 1997: „Jo – 'n ich isch rich jetzrt, wenn i s gnau nimm. I gheert mr selwr, 'n ich isch aachthundat Dolla wert. I winscht i hätt sell Geld. I wot nix nit meh." (S. 51)

Die erste und simpelste Erkenntnis dieses Textvergleichs ist die, daß wir eine Reihe von Übersetzungen als gekürzte Fassungen identifizieren können: Hartz 1925, Keiler 1927, Weseloh 1950, Wübben 1951, Eppe 1958, Borgers 1964, Helmstaedt 1970 und Walbrecker 1995 haben keine vollständigen Übersetzungen geliefert, ihre Fassungen scheiden damit als vollgültige deutsche *Huckleberry Finns* schon einmal aus. Die zweite Erkenntnis ist die, daß nicht jeder Übersetzer, der vorgibt, eine neue Fassung zu liefern, dies auch tatsächlich tut. Zumindest nach Maßgabe dieser einen Stelle sieht es so aus, daß vier Fassungen (Geiger 1947, Lorenz 1962, Paar 1964, anon. ca. 1972) unverhüllte Plagiate der Fassung von Löbl und Voggenreiter (1939) sind; eine weitere Fassung (Wohlfahrt 1952) entpuppt sich als weitgehendes Plagiat der Fassung von Koch (1890); die als „Bearbeitung" ausgewiesene Fassung von Herrmann (1969) ist ein verkürztes Plagiat der Fassung von Berger (1955), die „Bearbeitung" von Czedik-Eysenberg (1991) ein Plagiat der Fassung von Steindorff (1921). Ich darf an dieser Stelle schon einmal verraten, daß sich dieser Befund durch weitere Textproben erhärten läßt – die sieben genannten Fälle stellen eindeutige Plagiate dar.

Aber nicht nur Plagiate lassen sich anhand dieses Textvergleichs feststellen, sondern auch Übersetzungsfehler. Den eklatantesten begeht Hellwag (1902), der aus den „eight hund'd dollars" erstaunliche „1100 Dollar" macht; Berger (1955) hingegen begnügt sich mit „mehr [...] als hundert Doller", ebenso Herrmann (1969), der also offenbar von Berger abschreibt, aber immerhin den Text soweit umformuliert, daß es kein plattes Plagiat ist; Wohlfarth (1952) wiederum nennt überhaupt keine Summe, was nur ein Beispiel von mehreren dafür ist, daß man einen Text auch verkürzen kann, ohne eine Passage komplett auszulassen. Das größte Problem scheint den meisten Übersetzern die Formulierung „come to look at it“ des Originals bereitet zu haben. Ganz ausgelassen wird dieser Satzteil von Koch (und infolgedessen auch von Wohlfahrt), Schloß, Günther (1948), Berger (und infolgedes auch Herrmann), Lübbren (1956), Faßhauer (1962) und Beheim-Schwarzbach (1966). Andere Übersetzer behelfen sich mit Floskeln wie „du nur aufpassen“ (Hellwag), „du sehn her“ (Steindorff), „du hersehen“ (Löbl / Voggenreiter und ihre Plagiatoren), „passen du auf“ (Cramer-Nauhaus 1956), „siehste“ (Sachse 1985) oder „du sehn“ (Czedik-Eysenberg); diesen Umsetzungen gemein ist, daß ihnen ein Fehlverständnis zugrunde liegt, denn bei „come to took at it“ geht es keineswegs um ein wortwörtliches Sehen, sondern um eine Betrachtung im übertragenen Sinne. Nur neun Fassungen übersetzen hier auf je eigene Weise korrekt, nämlich Sigwart 1948 („wenn ich richtig betrachten“), Silzer 1953 („wenn ich's bedenken“), Krüger 1963 („wenn man's richtig nimmt“), Schönfeldt 1978 („genau betrachtet“), Stigloher 1985 („Wenn man's genau nimmt“), Schöller 1991 („wenn ich mir's genau anseh“), Harranth 1995 („wann ich mirs recht überleg“), Rathjen 1997 („wenn ich mir 's rich'ig bekuck“) und Wurth 1997 („wenn i s gnau nimm“).

Und was ist mit der Umsetzung des Sklavenjargons, um die es mir hier eigentlich gehen sollte? Mit dieser Frage ist für die zu untersuchenden Übersetzungen die Stunde der Wahrheit gekommen, und leider fällt diese Wahrheit ausgesprochen niederschmetternd aus. Die allermeisten Fassungen fallen der antirassistischen Tendenz des *Huckleberry Finn* in den Rücken und verwandeln den entlaufenen Sklaven Jim in einen dümmlichen Tölpel – die meisten Übersetzer also ziehen es vor, den Sklavenjargon in ein radebrechendes Kleinkinderdeutsch zu überführen. Das ist nicht nur völlig unangemessen, sondern angesichts der sich gegen Rassismus wendenden

Botschaft des Roman geradezu infam. Das holzschnitthafte Baby-Deutsch, das *alle* Übersetzer vor 1955 und auch noch viele danach verwenden, ist das genaue Gegenteil der syntaktischen Beweglichkeit, die Mark Twain in der Originalversion phonetisch getreu festhält. Schon unser ausschnitthafter Übersetzungsvergleich belegt schlagend, was Raphael Berthele in einer Untersuchung zur Übersetzung von Jims Sprachduktus in ausgewählten deutschen Übersetzungen ermittelt hat: „Bei den frühen Übersetzungen ist festzustellen, daß manche Übersetzer [...] Jim als absolut minderbemittelt darstellen: als unfähig, *irgend* eine Sprache richtig zu sprechen.“[11] Und leider gilt das nicht nur für die „frühen“ Übersetzungen, sondern auch noch für Neubearbeitungen bis in die 90er Jahre hinein.

Auszunehmen von diesem vernichtenden Befund sind lediglich zehn Fassungen. 1955 legt Karl Heinz Berger als erster eine Fassung vor, in der Jim korrektes Englisch sprechen darf, ebenso machen es Rudolf Herrmann 1969, Sybil Gräfin Schönfeldt 1978 und Regine Stigloher 1985 – diesen vier Übersetzern kann man zwar vorhalten, daß sie vor dem Problem der Slangübersetzung kapituliert haben, aber immerhin nicht, daß sie Jim und seine Leidensgenossen zu dümmlichen Simpeln machen. Die erste Übersetzerin, die weder kapituliert noch denunziert, ist 1963 Lore Krüger; ihre Fassung zeigt, daß man mit umgangssprachlichen Abschleifungen auf dem richtigen Weg ist, und diesen Weg geht 1985 auch Günter Sachse. Ekkehard Schöller hat 1991 versucht, dem noch eine Dialekteinfärbung hinzuzufügen, wobei man sicherlich

---

[11] Raphael Berthele, „Translating African-American Vernacular English into German: The problem of ‘Jim’ in Mark Twain’s *Huckleberry Finn*“, in *Journal of Sociolinguistics* 4.4 (November 2000), S. 588-613, hier S. 608 (meine Übersetzung).

geteilter Ansicht darüber sein kann, ob denn gerade der leicht schwäbisch klingende Dialekt, den er wählt, die geeignete Entsprechung zum Sklavenjargon abgibt. Wolf Harranth 1995, ich selbst 1997 und schließlich Wendelinus Wurth mit seiner allemannischen Fassung 1997 versuchen, über all das noch ein bißchen hinauszugehen und wieder in der Nähe der Geschmeidigkeit und sprachlichen Beweglichkeit des Originals zu landen. Die Zeiten, da Jim wie die schlechte Karikatur eines sprachlich unbegabten Gastarbeiters sprechen muß, sind damit hoffentlich vorbei; freilich werden auch heute noch die in dieser Hinsicht schlichtweg denunziatorischen Fassungen früherer Zeit gern in Billigausgaben nachgedruckt.

Ich möchte meinen Befund zur Umsetzung des Sklavenjargons noch an mindestens einem weiteren Textbeispiel überprüfen, um auszuschließen, daß ich womöglich eine untypische Textstelle verglichen habe. Während des Schlußdialogs im letzten Kapitel verrät Jim seinem Freund Huck, er müsse sich vor seinem gewalttätigen Vater nicht mehr fürchten. Huck will wissen, wie er das meint, doch Jim will es zunächst nicht verraten. Daraufhin lesen wir (S. 444):

> But I kept at him; so at last he says:
>
> "Doan' you 'member de house dat was float'n down de river, en dey wuz a man in dah, kivered up, en I went in en undkivered him and didn't let you come in? Well, den, you k'n git yo' money when you wants it; kase dat wuz him."

Hier haben wir es mit zwei Dialektfärbungen zu tun, zunächst mit Hucks gut verständlichem, aber grammatisch und in der Wortwahl nicht immer ganz korrektem Lausejungenenglisch und der schon bekannten dialektalen Extremform, deren sich Jim bedient. Die deutschen Übersetzer machen daraus folgendes:

Henny Koch 1890: „Aber ich wollt's genauer wissen, endlich erwiderte er: / ‚Du dir erinnern die Haus, wo schwimmen vorbei an Insel? Un Mann, wo liegen drin tot auf'm Boden? Jim ihn haben zugedeckt, weil du ihn nix sehen sollen; Huck, du dir erinnern? Du können haben dein Geld, wenn Du ihr wollen haben – tote Mann sein gewesen deine Vater!' – – – " (S. 304)

H. Hellwag 1902: „Aber ich ließ nicht locker und Jim erzählte schließlich: ‚Können du nicht erinnern, das Haus auf dem Fluß schwimmend, und darin ein toter Mann, und ich hin und ihn ansehen und dich nicht lassen hin? Na – also du wissen, du finden euer Geld, wenn nach Hause kommen; *er* toter Mann sein.'" (S. 346)

Marie Schloß 1913: „Ich ließ ihm aber keine Ruhe, bis er zuletzt sagt: / ‚Du nimmer erinnern dir an Haus, wo getrieben auf Wasser, und an Mann, wo gelegen am Boden? Ich haben ihm zugedeckt und dir nicht lassen hin; du dir nimmer erinnern? Na, du hören, daß du können haben dein Geld, wann du wollen; totes Mann sein gewesen dein Vater!'" (S. 320)

Ulrich Steindorff 1921: „Ich ließ nicht locker, bis er schließlich sagte: / ‚Du dich erinnern, wie das Haus auf die Fluß heruntergetrieben, un an die Mann, an die zugedeckte Mann, un wie ich sein hineingegangen und haben ihn aufgedeckt un dich nix sehn lassen? Na, du können eben haben deine Geld, wann du wollen, denn diese Mann waren dein Alter.'" (S. 473)

Carl Hartz 1925: „Ich drang so lange in ihn, bis er schließlich sagte: / ‚Du dich erinnern des Hauses, das tat treiben den Fluß hinunter, und da waren ein Mann zugedeckt, und ich tat aufdecken den

Mann. Ich dich aber nicht lassen nahe an den Mann rankommen. Gut, du können kriegen dein Geld, wenn du wollen, denn dieser tote Mann waren dein Alter.‘ – – –“ (S. 366)

Walter Keiler 1927: (fehlt wg. Kürzung)

Julie Mathieu 1938: „Ich setzte ihm zu, bis er schließlich sagte: / ‚Du dich erinnern, wie das Haus auf die Fluß heruntergetrieben, un an die Mann, an die zugedeckte Mann, un wie ich sein hineingegangen und haben ihn aufgedeckt un dich nix sehn lassen? Na, du können eben haben deine Geld, wann du wollen, denn diese Mann waren deine Vater.‘“ (S. 269)

Karl Löbl / Ludwig Voggenreiter 1939: „Aber ich drang weiter in ihn, schließlich sagte er leise: ‚Du dich erinnern an Haus, das Fluß hinabschwimmen, und da sein ein toter Mann drinnen, zugedeckt, und wie ich ihn abdecken, ich dich nicht hereinkommen lassen? Gut, du nun dein Geld haben können, wenn du wollen, denn der Tote dein Vater gewesen sein.‘“ (S. 392)

Rudolf Eger 1944: „Wieder machte er ein unentschlossenes Gesicht, bis er zuletzt herausplatzte: / ‚Duh noch erinnern dich an Mann auf Floss, was in Rücken geschossen? [...] Da waren Abraham Finn [...] Ich ihn auf den ersten Blick erkennen, aber nicht wollen, dass duh ihn so sehen...‘“ (S. 260)

Franz Geiger 1947: „Aber ich drang weiter in ihn, schließlich sagte er leise: ‚Du dich erinnern an Haus, das Fluß hinabschwimmen, und da sein ein toter Mann drinnen, zugedeckt, und wie ich ihn abdecken, ich dich nicht hereinkommen lassen? Gut, du nun dein Geld haben können, wenn du wollen, denn der Tote dein Vater gewesen sein.‘“ (S. 293)

S.L. Sigwart 1948: „Als ich nicht locker ließ, berichtete er dann: / ‚Du dich erinnern an Blockhaus, das runterschwimmen den Fluß? dadrin liegen ein Mann zugedeckt – und ich hingehen und ihn aufdecken und dich nicht lassen reinkommen? Ja, du können kriegen dein Geld, wenn du es wollen haben: denn dieser tote Mann, das sein gewesen dein Alter.'" (S. 302 f.)

Günter Günther 1948: „Aber ich ließ nicht locker und setzte ihm so lange zu, bis Jim erzählte: / ‚Du nicht können erinnern, daß Haus auf Fluß schwimmen, in dem ein toter Mann darin sein? Ich aber hingegangen und toten Mann angesehen, dich aber nicht lassen das gleiche tun. Du jetzt wissen, wer toter Mann sein. Dein Geld also gehören dir ganz allein.'" (S. 287)

Hans Achim Weseloh 1950: „Ich ließ jedoch nicht locker mit Fragen, und schließlich sagte er mir: / ‚Du noch denken an Blockhaus, das schwimmen im Wasser, und an totes Mann, das Jim zudecken, damit Huck nicht sehen können Gesicht. Dieses Mann dein Vater gewesen!'" (S. 203)

Fred Wübben 1951: „Ich ließ aber nicht locker, und so sagte er schließlich: / ‚Du erinnern Haus schwimmend auf Fluß und darin toter Mann? Den Jim ansehen und dann zudecken, weil du ihn nix sollen sehn. Wenn nach Hause kommen, du haben können dein Geld. Toter gewesen sein – dein Vater.'" (S. 363)

L. Wohlfahrt 1952: „Ich hab's aber genauer wissen wollen und hab' ihn gefragt, bis er endlich gesagt hat: / ‚Du erinnern Haus, wo schwimmen auf Wasser? Und Mann, wo gelegen in eine Eck? Jim ihn zugedeckt, du nix sollen sehen, Huck, du erinnern? Du können haben dein Geld, wann du wollen – tote Mann sein gewesen dein Vater!‘ – – – “ (S. 303)

Irma Silzer 1953: „Ich ließ aber nicht locker; da sagte er zuletzt: ‚Du noch erinnern Haus, was schwimmen auf Fluß? Da drin liegen tote Mann mit zugedeckte Gesicht; Jim ihm aufdecken und sagen, du nix sollen hinschaun. Du können haben dein Geld, wenn du wollen, Huck; tote Mann sein gewesen dein Pap.‘“ (S. 324)

Wolfram Gramowski 1954: „Aber ich blieb hartnäckig; schließlich sagte er: ‚Du dich erinnern an Haus, das Fluß hinabschwimmen, und da sein ein toter Mann drinnen, zugedeckt, und wie ich ihn abdecken, ich dich nicht hereinkommen lassen? Gut, du nun dein Geld haben können, wenn du wollen, denn der Tote dein Vater gewesen sein.‘ – “ (S. 180)

Karl Heinz Berger 1955: „Ich hab ihn so lang mit Fragen gequält, bis er schließlich sagte: / ‚Erinnerste dich, wie das Haus auf dem Fluß ist runtergetrieben, und an den toten Mann, wo zugedeckt war, und wie Jim ist reingegangen und hat ihn aufgedeckt und hat dich nix sehn lassen? Na, jetzt kannste all dein Geld haben. Der Mann war nämlich dein Vater.‘“ (S. 323)

Rainer Lübbren 1956: „Aber ich ließ nicht locker, und so sagte er endlich: / ‚Du erinnern das Haus, das den Fluß runterschwimmen? Und wo sein Mann drin, unter einer Decke, und ich nehmen ab die Decke und lassen dich nix reinkommen? Du können haben jetzt dein Geld, wenn du’s wollen – sein gewesen dein Alter.‘“ (S. 243)

Barbara Cramer-Nauhaus 1956: „Aber ich ließ nicht locker; so sagte er schließlich: ‚Du erinnern Haus, wo schwimmen die Fluß runter, und sein ein

Mann drin, zugedeckt, und ich gehen rein und decken ihn auf und lassen dich nix ran? Nun, du können kriegen dein Geld, wenn du wollen; denn das sein gewesen er.'" (S. 413 f.)

Gisela Eppe 1958: „Aber ich ließ nicht locker, und da sagte er schließlich: ‚Du erinnern an Haus, wo geschwommen ist flußabwärts, damals? Darin doch gewesen eine Mann, zugedeckt! Und als ich Decke wegnehmen, da ich dich nicht lassen reinkommen. Du sehen: deshalb du können kriegen deine Geld, wenn du wollen; das waren nämlich ihm!'" (S. 112)

Hertha Lorenz 1962: „Aber ich drang weiter in ihn, schließlich sagte er leise: ‚Du dich erinnern an Haus, das Fluß hinabschwimmen, und da sein ein toter Mann drinnen, zugedeckt, und wie ich ihn abdecken, ich dich nicht hereinkommen lassen? Gut, du nun dein Geld haben können, wenn du wollen, denn der Tote dein Vater gewesen sein.'" (S. 394)

Werner Faßhauer 1962: „Ich ließ ihm aber keine Ruhe, bis er mit der Sprache rausrückte. Dann erfuhr ich's: ‚Du dich erinnern, Huck, an Haus, was vorbeischwimmen? Da toter Mann drinnen und ich ihn zudecken, daß du ihn nicht sehen. Toter Mann sein gewesen dein Vater!' – – –" (S. 245)

Lore Krüger 1963: „Aber ich ließ nicht locker, und schließlich sagte er: ‚Erinnerst du dich noch an das Haus, das den Fluß runtergeschwomm' kam, und's lag 'n Mann drin, zugedeckt, und ich ging hin und deckte 'n auf und ließ dich nich reinkomm'? Na, siehste, du kannst dir dein Geld holn, wann du willst, denn das war er.'" (S. 379)

Willy Borgers 1964: „Und wie ich ihn quäle, ich will es ja genau wissen, da sagt er dann: / ‚Weißt du noch diese Haus, de damals auf Strom ’runtertreibt? Da war doch ’ne Mensch drin, nicht wahr? Ganz zugedeckt, und ich geh’ ’ran und deck’ ihn auf und sag’ zu dir, komm nur nicht ’ran, Huck! Jawohl, kannst dir dein Geld ruhig holen, Herzchen. Diese Mann, das war nämlich dein Pappa.‘“ (S. 312)

Ilona Paar 1964: „Aber ich drang weiter in ihn, schließlich sagte er leise: ‚Du dich erinnern an Haus, das Fluß hinabschwimmen, und da sein ein toter Mann drinnen, zugedeckt, und wie ich ihn abdecken, ich dich nicht hereinkommen lassen? Gut, du nun dein Geld haben können, wenn du wollen, denn der Tote dein Vater gewesen sein.‘“ (S. 299)

Martin Beheim-Schwarzbach 1966: „Ich drang in ihn, und schließlich kam er damit heraus: ‚Du erinnern an Haus, das auf Wasser getrieben? Da ein toter Mann drin gelegen auf Fußboden. Ich ihn zudecken und dich nicht lassen sehen. Toter Mann sein dein Vater, Huck.‘“ (S. 449)

Rudolf Herrmann 1969: „Da hab’ ich ihn so lang mit Fragen gequält, bis er schließlich sagte: ‚Weißte noch, wie das Wohnfloß ist runtergetrieben? Und erinnerste dich noch an den toten Mann, wo zugedeckt gewesen ist? Der Mann war dein Alter.‘“ (S. 428)

Brigitte Helmstaedt 1970: „Als ich ihn weiter hartnäckig bedrängte, ließ er sich schließlich überreden und erinnerte mich an das Blockhaus, das im Hochwasser des Mississippi an der Jackson-Insel vorbeitrieb. Ob ich noch wisse, daß ein toter Mann darin gelegen habe, den er erst zugedeckt habe, damit ich mich nicht erschrecken sollte? Der Tote sei – mein Vater gewesen.“ (S. 173 f.)

Anon. ca. 1972 (Tosa Verlag, „Für die Jugend neu bearbeitet“): „Aber ich drang weiter in ihn, schließlich sagte er leise: ‚Du erinnerst dich an Haus, das den Fluß hinabschwamm, da war ein toter Mann drinnen, zugedeckt, und wie ich ihn abdecke, habe ich dich nicht hereinkommen lassen? Gut, du wirst nun dein Geld haben können, wenn du willst, denn der Tote ist dein Vater gewesen.‘“ (S. 441 f.)

Sybil Gräfin Schönfeldt 1978: „Ich ließ aber nicht locker, und deshalb hat er zum Schluß gesagt: ‚Kannst du dich an das Haus erinnern, das den Fluß runtergetrieben worden ist, und da hat ein Mann drin gelegen, der ist zugedeckt gewesen, und ich bin hingegangen und hab ihn aufgedeckt und hab nicht gewollt, daß du reinkommst? Na ja, du kannst dir dein Geld holen, wann du's haben willst; weil, das war er.‘“ (S. 356 f.)

Günter Sachse 1985: „Aber ich ließ nicht locker, und so sagte er schließlich: ‚Erinnerst du an Haus, wo die Fluß runtertrieb, und da lag Mann am Boden, zugedeckt, un ich geh' rein un deck' auf und laß dich nich rankommen? Nu, du könnt holen dein Geld, wann du willst, weil das ist *er* gewesen.‘“ (S. 327)

Regine Stigloher 1985: „Ich glaube es ihm erst nicht, doch dann meinte Jim: ‚Erinnerst du dich nicht an das Haus, das uns auf dem Mississippi entgegengefahren ist? Da war doch eine Leiche drinnen? Ich wollte dir damals den Anblick ersparen und sagte, du sollst sie nicht ansehen. Nun, Huck, das war dein Pa. Siehst du, jetzt kannst du dein Vermögen holen und mit Tom auf neue Abenteuer ausziehen.‘“ (S. 126)

Ekkehard Schöller 1991: „Aber ich hab nachgebohrt; und so sagt er endlich doch noch: / ‚Erinnerst du dich an das Haus, wo ’n Fluß runtergetriebn is, da is ’n Mann drin gwesn, zudeckt, un ich hab ihn aufdeckt un hab dich net reinkommen lassen. Na, du kannst dein Geld also holn, wenn du willst; das war nämlich er.‘“ (S. 397)

Maria Czedik-Eysenberg 1991: „Ich ließ nicht locker, bis er schließlich sagte: / ‚Du dich erinnern, wie das Haus auf die Fluss heruntertreiben, un an die Mann, an die zugedeckte Mann, un wie ich sein hineingegangen un aufdecken un dich nix sehn lassen? Na, du können eben haben deine Geld, wann du wollen, denn diese Mann waren deine Alter.‘“ (S. 298)

Dirk Walbrecker 1995: „Und dann guckte Jim plötzlich ganz ernst und sagte: ‚Ich dir jetzt großes Geheimnis verraten müssen. Du noch wissen das Boot mit Haus drauf und Toten drin?‘ / Ich dachte an den Anfang unserer langen Reise und nickte. / ‚Dieses Tote dein Vater waren. Er dich nie mehr quälen können, Huck.‘“ (S. 95)

Wolf Harranth 1995: „Ich hab aber nicht locker lassen, und so sagt er am End: / ‚Weißdu noch, denne Haus, wo aufm Fluß runtergetreibt is? Und wie da n zugedeckte Mann drin war und wie ich rein bin und habn aufgedeckt? Und wie ich dich nich hab reinlassen? Nu, siehsdu, drum kannst dir dein Geld holn, wannsdu willst – weils er war.‘“ (S. 454)

Friedhelm Rathjen 1997: „Aber ich hab weitergebohrt; so sagt er denn zuletzt: / ‚Weißte noch, das Haus, wo ’n Fluß run’ergetrieb’n kam, un’ ’a war ’n Mann drinne, zug’deckt, un ’ich bin rein un’ hab ’n auf’edeckt un’ dich nich’ reinkomm’ lass’n? Nu ja, kanns’ an dein Geld ran, wenn’s hab’n will’; weil, das ’a war der.‘“ (S. 473)

> Wendelinus Wurth 1997: „Awer i ha nit luck gloßt; also sait er zletscht: / ‚Tuet dr nit ifalle sell Huus, wu de Fluß natriiwe-n-isch un do isch e Mann drin gsi, zuedeckt, ’n i bin nigange ’n ha ne ufdeckt ’n di nit nigloßt? Jo, de kaansch nor din Geld kriege, wenn de wit; wil sell isch er gsi.‘“ (S. 265)

Diese Passage haben also fast alle Übersetzer bearbeitet (lediglich bei Keilers Kurzfassung fehlt sie), was uns Gelegenheit gibt, noch nach weiteren als den bisher schon entdeckten Plagiaten Ausschau zu halten. Fündig werden wir bei der ohnehin schon verdächtigen Mathieu (1938), deren Fassung ein weiteres Steindorff-Plagiat ist, und bei Gramowski (1954), der die stolze Reihe der Plagiatoren von Löbl und Voggenreiter ergänzt – insgesamt sind uns damit nun schon neun eindeutige Plagiatoren ins Netz gegangen (jene Fälle, in denen sich Übersetzer spürbar von früheren haben inspirieren lassen, sich aber wenigstens die Mühe machten, den Text deutlich umzuschreiben, lasse ich vorsichtshalber außer acht).

Was die Wiedergabe des Slangs von Jim angeht, stoßen wir hier auf eine neue Besonderheit, nämlich in der gekürzten Fassung von Helmstaedt (1970), die das Übersetzungsproblem umgeht, indem sie Jims Dialogbeitrag in die indirekte Rede versetzt. Leider zurücknehmen müssen wir unser partielles Lob für die Berger-Fassung von 1955, die nämlich an dieser Textstelle ebenfalls der vorherrschenden Tendenz zur Verdümmlichung nachgibt, wenn auch weniger heftig als die allermeisten Kollegen; dafür bessert sich der Eindruck der Fassung von Rudolf Herrmann, der Jims Rede offensichtlich doch nicht durchgängig in korrektem Englisch wiedergibt, sondern sie zumindest ansatzweise dialektal einfärbt. Der an dieser Stelle erstmals erfaßten Übersetzung von Walbrecker

(1995) müssen wir leider attestieren, daß sie die aktuellste ist, die Jim zum dümmlichen Radebrechen zwingt – und dies zu einer Zeit, da derlei bei anderen Übersetzern schon lange überwunden scheint.

Neu an der nun verglichenen Textstelle ist, daß wir hier auch die Möglichkeit haben, den Umgang mit Hucks sehr gemäßigtem Sprechgestus zu prüfen. Wichtig und typisch an dem Originalwortlaut „But I kept at him; so at last he says“ ist der Tempuswechsel; das ist eine wichtige Spracheinfärbung Hucks, und die Tatsache, daß er grammatisch gelegentlich danebengreift, hat auch die Funktion, zu verhindern, daß wir Leser (die wir alles Geschehen durch Hucks Brille und Sprache wahrnehmen) allzu selbstherrlich auf den mit der Grammatik noch weniger vertrauten Jim herabsehen. Ein Reflex auf die Normabweichung, die der Tempuswechsel darstellt, findet sich in den allerwenigsten Übersetzungen – nämlich nur bei Schloß („Ich ließ ihm aber keine Ruhe, bis er zuletzt sagt“), Borgers 1964 (der ganze Satz im Präsens: „Und wie ich ihn quäle, ich will es ja genau wissen, da sagt er dann“), Schöller 1991 („Aber ich hab nachgebohrt; und so sagt er endlich doch noch“), Harranth 1995 („Ich hab aber nicht locker lassen, und so sagt er am End“), Rathjen 1997 („Aber ich hab weitergebohrt; so sagt er denn zuletzt“) und Wurth 1997 („Awer i ha nit luck gloßt; also sait er zletscht“).

Die Art und Weise, wie Huck Finn und sein Sprachgestus umgesetzt werden, ist von nicht unerheblicher Bedeutung für unsere Sichtweise auf Jim und damit für die Frage, ob ein rassistischer Blick auf Jim eher befördert oder eher behindert wird. Diese Frage beschäftigt spätestens seit dem September 1957, als das New York Board of Education den *Huckleberry Finn* mit der Begründung von der Liste der genehmigten Lektüren im Schulunterricht entfernte, es sei „anstößig in seiner Rassendarstellung“[12], ganze Heerscharen von Bibliothekaren, Pädagogen, Bürgerrechtlern, Juristen, Journalisten und natürlich auch Literaturwissenschaftlern. Vielfach hat sich der Vorwurf, Mark Twains Roman sei trotz seines vordergründigen Eintretens für die Sache eines entlaufenen Sklaven untergründig rassistisch, an dem durchgängigen Gebrauch der Vokabel „Nigger“ entfacht, einer grob rassistischen Bezeichnung, die freilich zu jener Zeit, in der der Roman spielt, in den darin geschilderten Teilen der amerikanischen Gesellschaft durchgängig benutzt wurde (auch von vielen Schwarzen selbst) und deswegen Teil des Realismus dieses Romans ist; die Ersetzung der inkriminierten Vokabel durch Ersatzbegriffe wie „Negro“ oder „Slave“ ist deswegen kaum ein gangbarer Ausweg. Letzten Endes wird man sagen müssen, falls der *Huckleberry Finn* antirassistisch ist, ist er das, weil er unverhüllten Rassismus vorführt, deswegen läßt sich der vorgeführte Rassismus nicht mildern, ohne auch das (hoffentlich vorhandene) antirassistische Potential des Buches zu schmälern. Wichtig bei alledem ist allerdings, daß die entsprechende innere Dynamik des *Huckleberry Finn* nicht gestört wird, und zwar auch im Detail nicht – und dies ist der Punkt, an dem auch vom Übersetzer äußerste Umsicht gefordert ist. Ich möchte das anhand eines weiteren Textbeispiels demonstrieren.

Eine der Textpassagen, an denen sich der Rassismusvorwurf gegen den *Huckleberry Finn* häufig entzündet, ist Kapitel 14, in dem Huck und Jim ein witziges Streitgespräch führen, an dessen Ende Huck auf Jims Argumente dafür, daß auch ein Franzose „wie ein Mensch“ (also englisch) sprechen sollte, nichts mehr zu erwidern weiß – Jim argumentiert auf seine Weise logisch sauber, gelangt aber zu objektiv falschen Schlüssen, weil er (der ja nicht lesen kann, weil er nicht lesen darf) von bestimmten real-

---

[12] Zitiert nach Hearn, „Einleitung“, a.a.O., S. cxxxv.

weltlichen Zusammenhängen nichts weiß; Huck hingegen hat sich mancherlei angelesen, weiß es deswegen ‚besser', allerdings nur im Sinne schlecht durchdrungenen Halbwissens, das er mit formaler Logik nicht in Einklang zu bringen versteht. Um die ganze Diskussion liegen als Klammer zwei Aussagen Hucks über Jim: zunächst die lobende Feststellung „Well, he was right; he was most always right; he had an uncommon level head, for a nigger" (S. 137), am Ende dann der Stoßseufzer „I see it warn't no use wasting words – you can't learn a nigger to argue" (S. 142). Der ganze Text ist so angelegt, daß wir bei genauer Lektüre Hucks anfänglicher Aussage recht geben müssen (Jim denkt in der Tat scharfsinniger als Huck) und den Schlußseufzer als leeres Überlegenheitsgetue des in Wahrheit Unterlegenen begreifen (wofür es wichtig ist, daß Huck in diesem Schlußseufzer ein grober grammatischer Schnitzer unterläuft, als er nämlich „learn" statt des korrekten „teach" sagt).

Die Umsicht, die bei der Übersetzung der Passage und insbesondere der beiden zitierten Aussagen Hucks vonnöten ist, zeigen leider nur die wenigsten deutschen Übersetzer:

Henny Koch 1890: „Darin hatte er nun recht, er hatte überhaupt beinahe immer recht; er war ein merkwürdiger alter Schlaukopf für einen Nigger. [...] Das war mir zuviel! Streit' einer mit einem Nigger! Die Schädel sind zu hart." (S. 102 / 108)

H. Hellwag 1902: „Na, das war richtig, 's war verteufelt richtig; er war für 'nen Nigger 'n mächtiger Schlaukopf [...] Ich sah, 's hätte keinen Zweck, noch mehr Worte zu verlieren; 's ist die Art, wie Nigger streiten." (S. 104 / 107)

Marie Schloß 1913: „Das war allerdings verteufelt richtig, überhaupt hat er meistens recht gehabt, er war für'n Nigger wirklich 'n mächtiger Schlaukopf. [...] Da hab' ich gesehen, daß alles umsonst war. Niggern ist eben doch keine Vernunft beizubringen!" (S. 101 / 105)

Ulrich Steindorff 1921: „Damit hatte er recht. Jim hatte überhaupt fast immer recht, er hatte für 'nen Nigger einen ganz ungewöhnlich klaren Verstand. [...] Ich sah ein, daß es keinen Zweck hatte, auch nur ein Wort mehr darüber zu verlieren. Man kann eben einen Nigger nicht mit Gründen überzeugen." (S. 122 / 127)

Carl Hartz 1925: „[Erster Teil fehlt.] Ich gab es auf noch weitere Worte zu verschwenden. Man kann eben nicht mit 'nem Nigger vernünftig diskutieren." (S. 210)

Walter Keiler 1927: (fehlt wg. Kürzung)

Julie Mathieu 1938: „Damit hatte er ja nun recht. Jim hatte überhaupt fast immer recht, er hatte für 'nen Nigger einen ganz ungewöhnlich klaren Verstand. [...] Ich sah ein, daß es keinen Zweck hatte, auch nur ein Wort mehr darüber zu verlieren. Man kann eben einen Nigger nicht mit Gründen überzeugen." (S. 82 / 84)

Karl Löbl / Ludwig Voggenreiter 1939: „Nun, Jim hatte da gewiß recht. Er hatte ja fast immer recht, denn er war für einen Nigger außergewöhnlich gescheit. [...] Da sah ich ein, daß es völlig zwecklos war, noch weitere Worte zu verschwenden. Man kann einem Nigger mit Gründen nichts beweisen." (S. 111 / 116)

Rudolf Eger 1944: (fehlt wg. Kürzung)

Franz Geiger 1947: (fehlt wg. Kürzung)

S.L. Sigwart 1948: „[Erster Teil fehlt.] Ich sah ein, es hatte keinen Zweck, weitere Worte zu verplempern: einem Neger kann man eben nicht mit Vernunftgründen kommen." (S. 94)

Günter Günther 1948: „[Erster Teil fehlt.] Es war umsonst. Wenn Jim sich einmal in etwas festgebissen hatte, konnte ihn der Teufel nicht mehr davon abbringen.“ (S. 90)

Hans Achim Weseloh 1950: (fehlt wg. Kürzung)

Fred Wübben 1951: „Ja, er war keineswegs dumm, der gute, alte Jim; ganz im Gegenteil war er ausgesprochen helle, für einen Neger. [Rest fehlt.]“ (S. 250)

L. Wohlfahrt 1952: „Da hat er nun recht gehabt; er hat überhaupt fast immer recht; für’n Nigger ist er doch ein ganz geriebener Schlaukopf. [...] Nun wurde es mir aber zuviel! Mit Niggern kann man nicht streiten, die Schädel sind zu hart.“ (S. 102 / 105)

Irma Silzer 1953: „Und darin hatte er recht; er hatte eigentlich fast immer recht; für einen Nigger besaß er einen ungewöhnlich klaren Kopf. [...] Ich sah ein, daß ich meine Worte nur verschwendete. Einem dickschädligen Nigger kann man vernünftiges Denken nicht beibringen. Also gab ich’s auf.“ (S. 93 / 97)

Wolfram Gramowski 1954: : „[Erster Teil fehlt.] Da sah ich ein, daß es völlig zwecklos war, noch weitere Worte zu verschwenden. Man kann einem Nigger mit Gründen nichts beweisen.“ (S. 44)

Karl Heinz Berger 1955: „Da hatte er recht. Er hatte überhaupt meistens recht. [...] Es hatte keinen Zweck, auch nur noch ein Wort zu verlieren. Mit ’nem Nigger kann man eben nicht streiten.“ (S. 94 / 97)

Rainer Lübbren 1956: „Er hatte recht; er hatte fast immer recht. Er war für einen Nigger ein ungewöhnlich heller Kopf. [...] Ich sah ein, es hatte keinen Zweck, noch weitere Worte zu verschwenden; man kann einem Nigger nicht das Denken beibringen." (S. 87 / 92)

Barbara Cramer-Nauhaus 1956: „Na, er hatte ja recht; er hatte fast immer recht, er war ungewöhnlich gescheit für einen Nigger. [...] Ich sah, daß es keinen Zweck hatte, noch weitere Worte zu verschwenden – man kann einem Nigger nun mal keine Logik beibringen." (S. 115 / 121)

Gisela Eppe 1958: (fehlt wg. Kürzung)

Hertha Lorenz 1962: „[Erster Teil und die Diskussion fehlt.] Da sah ich ein, daß es völlig zwecklos war, noch weitere Worte zu verschwenden. Man kann einem Nigger mit Gründen nichts beweisen." (S. 241)

Werner Faßhauer 1962: „Na ja, ich konnte ihn verstehen; was er sagte, war gar nicht so dumm, für einen Nigger war er überhaupt ein verdammt schlauer Kopf. [...] Mit einem Nigger streiten, nee, die Schädel sind zu hart!" (S. 84 / 88)

Lore Krüger 1963: „Na, er hatte recht, er hatte fast immer recht; er besaß 'nen ungewöhnlich klaren Kopf für 'nen Nigger. [...] Ich sah ein, daß es keinen Zweck hatte, Worte zu verschwenden – 'nem Nigger kann man nicht lernen, logisch zu diskutieren." (Aufbau, S. 108 / 113)

Willy Borgers 1964: (fehlt wg. Kürzung)

Ilona Paar 1964: „[Erster Teil und die Diskussion fehlt.] Da sah ich ein, daß es völlig zwecklos war, noch weitere Worte zu verschwenden. Man kann einem Nigger mit Gründen nichts beweisen." (S. 81)

Martin Beheim-Schwarzbach 1966: „Da hatte er ja nun recht, wie überhaupt immer – für einen Nigger hatte er einen erstaunlich klugen Kopf. [...] Es hatte keinen Zweck. Man kann mit einem Nigger nicht streiten." (S. 269 / 272)

Rudolf Herrmann 1969: „Da hatte Jim recht. Er hatte überhaupt meistens recht. [...] Es hatte keinen Zweck mehr. Mit ’nem Nigger kann man sich eben nicht streiten.“ (S. 270 / 273)

Brigitte Helmstaedt 1970: (fehlt wg. Kürzung)

Anon. ca. 1972 (Tosa Verlag, „Für die Jugend neu bearbeitet“): „[Erster Teil und die Diskussion fehlt.] Da sah ich ein, daß es völlig zwecklos war, noch weitere Worte zu verschwenden. Man kann einem Nigger mit Gründen nichts beweisen.“ (S. 271)

Sybil Gräfin Schönfeldt 1978: „Naja, er hat ja recht gehabt, er hatte fast immer recht: Für nen Nigger hatte er einen ganz ungewöhnlichen klaren Verstand. [...] Ich hab eingesehen, dass es keinen Zweck mehr hatte, weitere Worte zu verschwenden. Man kann nem Neger eben nicht beibringen, wie man sich streitet.“ (S. 99 / 104)

Ulrich Riemerschmidt 1979: „Nun, das war richtig, es war verteufelt richtig; er war für einen Nigger ein ungewöhnlicher Schlaukopf. [...] Ich sah, es hatte keinen Zweck, noch mehr Worte zu verlieren; es ist die Art, wie Nigger streiten.“ (S. 91 / 94)

Günter Sachse 1985: „Na, er hatte ja recht; meistens hatte er recht. Für’n Nigger war er eben ungewöhnlich gescheit. [...] Ich sah ein, daß es keinen Zweck hatte, noch länger Worte zu verschwenden – ’nem Nigger kann man nicht das Diskutieren beibringen.“ (S. 103 / 107)

Regine Stigloher 1985: (fehlt wg. Kürzung)

Ekkehard Schöller 1991: „Also, er hatte recht; er hatte beinah immer recht; für nen Nigger behielt er wirklich nen kühlen Kopf. [...] Klar, es war zwecklos, noch ein Wort zu verlieren – man kann einem Nigger nicht logisch denken beibringen.“ (S. 106 / 111)

Maria Czedik-Eysenberg 1991: „Damit hatte er Recht. Jim hatte überhaupt fast immer Recht, er hatte für 'nen Nigger einen ganz ungewöhnlich klaren Verstand. [...] Ich sah ein, dass es keinen Zweck hatte, auch nur ein Wort mehr darüber zu verlieren." (S. 81 / 84)

Dirk Walbrecker 1995: (fehlt wg. Kürzung)

Wolf Harranth 1995: „Na, da hat er recht gehabt. Er hat fast immer recht gehabt, für n Nigger hatt er n ungewöhnliche hellen Kopf. [...] Ich hab eingesehn, es hat keinen Zweck, ich konnt mir meine Wörter sparn – du kannst n Nigger nicht diskutieren lernen." (S. 124 / 130)

Friedhelm Rathjen 1997: „Nu, da hatte er recht; der hatte fast immer recht; der hatte wunderbar Grips in der Birne, so für 'nen Nigger. [...] Da sah ich ein, das hatte keinen Zweck, noch mehr Worte zu verschwenden – 'n Nigger kann man nicht lernen, logisch nachzudenken." (S. 128 / 134)

Wendelinus Wurth 1997: „Jo, er het reecht gha; er het fascht allwil reecht gha; er het e ugwehnlig veständiger Kopf gha, fir e Neger. [...] I ha gsehne, s het ke Sinn nit gha, Werter z veschwende – de kaansch e Neger nit lehre disputiere. Also haw-i s gsteckt." (S. 74 / 77)

Daß der ganze Abschnitt wiederum in einigen Fassungen (Keiler 1927, Eger 1944, Geiger 1947, Weseloh 1950, Eppe 1958, Borgers 1964, Stigloher 1985, Walbrecker 1995) fehlt, bestätigt unseren ohnehin schon begründeten Eindruck, daß diese Textfassungen unvollständig und folglich editorisch nicht für voll zu nehmen sind, richten aber in der Rassismusfrage keinen erkennbaren Schaden an. Sehr viel schlimmer und geradezu skandalös aber ist, daß in sieben Fassungen (Hartz 1925, Sigwart 1948,

Günther 1948, Gramowski 1954, Lorenz 1962, Paar 1964, anon. ca. 1972) zwar das Eingangslob und teilweise auch die Diskussion fehlt, die abschließende Herabwürdigung Jims durch Huck aber sehr wohl mitübersetzt worden ist – durch diese entstellende Kürzung wird die Herabwürdigung, die vom aufmerksamen Leser einer getreuen Komplettfassung als ungerechtfertigte durchschaut wird, plötzlich als Feststellung absolut gesetzt. Dies widerspricht auf gröbliche Weise der Textintention. Daß wir auf diese Weise nun noch weitere neun Fassungen als gekürzte identifizieren können und sich die Gesamtzahl der im Text (die Vorsprüche außer acht gelassen) unvollständigen Übersetzungen auf achtzehn erhöht, ist in diesem Kontext noch das allerkleinste Übel.

Hinzuweisen ist noch auf eine gegenteilige Tendenz in der Fassung von Wübben (1951), in der nicht das anfängliche Lob Jims, sondern seine abschließende Herabwürdigung durch Huck gestrichen wurde. Sollte dies der Versuch des Übersetzers oder eines Textredakteurs sein, mögliche rassistische Untertöne vorsichtshalber aus dem Text herauszuschneiden, so wird diese Tendenz noch unterstützt durch die (gleichwohl aus schon genannten Gründen zweifelhafte) Entscheidung, den Begriff „Nigger“ (nicht nur an dieser Textstelle, sondern durchgängig) durch ein etwas harmloseres „Neger“ zu ersetzen. Diese Entschärfung des Vokabulars findet sich ebenso bei Sigwart (1948) und Wurth (1997), außerdem gelegentlich (aber nicht durchgängig) bei Schönfeldt (1978). Ansonsten scheinen Eingriffe ins rassistische Vokabular bei deutschen Übersetzern nirgendwo Thema gewesen zu sein; die einzigen weiteren mir bekannten *Huck-Finn*-Fassungen, in denen der Begriff „Nigger“ wegzensiert wurde, sind eine von mehreren in Umlauf befindlichen

Comic-Fassungen[13] und kurioserweise eine Lizenzausgabe meiner eigenen Übersetzung, auf deren Rückumschlag das hier in Rede stehende Zitat nicht nur in normierter Interpunktion, sondern auch unter Auslassung der Worte „so für 'nen Nigger" abgedruckt wurde[14].

Nun hängt die Wahrung der Textintention bei den hier zu vergleichenden Passagen ja nicht nur davon ab, daß der Text ungekürzt übersetzt wird, sondern ganz entscheidend auch vom genauen Wortlaut der Übersetzung insbesondere der abschließenden Herabwürdigung. Den grammatischen Fehler, der Huck im Original unterläuft und der so

---

[13] Vgl. Manfred Soder (Red.), *Welt-Bestseller. Berühmte Bücher in mehr als 200 Bildern nacherzählt*, Nr. 4: *Huckleberry Finn* von Mark Twain (Bergisch Gladbach: Bastei-Verlag Gustav H. Lübbe o.J. (ca. 1977)), passim. Das Heft verfolgt deutlich didaktische Absichten; es enthält eingangs eine Seite „So sah die Welt damals aus" (S. 2) und am Ende einen kurzen Abriß über Mark Twain unter dem Titel „Der Dichter und sein Werk. Der Mann vom Mississippi" (S. 31). Die erstrebte politische Korrektheit verfehlt allerdings bisweilen die aufklärerischen Absichten, so etwa, wenn Jims Erstaunen über die ihm erzählten Piratengeschichten von Huck mit dem Schlaumeiersatz quittiert wird: „Du mußt eben auch lesen lernen, Jim!" (S. 13) Dieses Textdetail verzerrt die historischen Realismus des *Huckleberry Finn* vollkommen, da es seinerzeit in den USA bei Strafe verboten war, Schwarzen das Lesen und Schreiben beizubringen.

[14] Vgl. Mark Twain, *Die Abenteuer von Huckleberry Finn.* Neu übersetzt und mit Anmerkungen von Friedhelm Rathjen und neu illustriert von Pierre Thomé (Frankfurt a.M.: Zweitausendeins 1998), Umschlagrückseite: „Jim hatte fast immer recht; der hatte wunderbar Grips in der Birne." Im weiteren Verlauf des Zitats wird beispielsweise aus der im Buch zu findenden Frage Jims „Wieviel kriegt 'n so 'n König?" (S. 129) ein normiertes „Wieviel kriegt so ein König?" Kurios ist dieser Eingriff vor allem deshalb, weil die Ausgabe in der vorderen Umschlagklappe eigens zu einer „neuen, getreuen Übersetzung" erklärt wird; mit der Treue ist es im übrigen schon beim Titel nicht sehr weit her, dem ein vom Übersetzer nicht gewünschter Artikel beigegeben wurde.

immens wichtig ist, um den Stellenwert seines rechthaberischen Schlußsatzes richtig einschätzen zu können, finden wir leider nur in drei deutschen Fassungen umgesetzt (Krüger 1963: „'nem Nigger kann man nicht lernen, logisch zu diskutieren", Harranth 1995: „du kannst n Nigger nicht diskutieren lernen", Rathjen 1997: „'n Nigger kann man nicht lernen, logisch nachzudenken").

Aber nicht von der Berücksichtigung des Grammatikfehlers allein ist die übersetzerische Wahrung der Textintention abhängig. Wichtig ist zudem die angemessene Umsetzung des Verbs „to argue", mit dem Huck das bezeichnet, was man seiner Behauptung nach Jim im speziellen und den „Niggern" im allgemeinen nicht beibringen kann. Der Witz ist, daß mit diesem Verb genau das benannt wird, was Jim – wie der Ablauf des fraglichen Kapitels zeigt – in Wahrheit schon meisterlich beherrscht; „to argue" hat hier nicht die Bedeutung „streiten", sondern meint „argumentieren". Das Verb „argumentieren" wiederum ist vielleicht zu intellektuell, als daß Huck es verwenden würde; in meiner eigenen Übersetzung habe ich mich deshalb für die Variante „logisch nachzudenken" entschieden, und einen ähnlichen Effekt erzielen andere Übersetzer mehr oder weniger glücklich mit Lösungen wie „vernünftig diskutieren" (Hartz 1925), „vernünftiges Denken" (Silzer 1953), „Logik" (Cramer-Nauhaus 1956), „logisch zu diskutieren" (Krüger 1963), „das Diskutieren" (Sachse 1985), „logisch denken" (Schöller 1991), „diskutieren" (Harranth 1995) und „disputiere" (Wurth 1997). Die übrigen Fassungen allerdings verwässern die Textstelle und unterminieren damit ihre inhärente Aussage; je weiter die Übersetzungen sich von der präzise angelegten Konstruktion des Originals entfernen, desto schwerer ist nachvollziehbar, daß Huck das Gegenteil dessen behauptet, was als Textwahrheit angelegt ist. Die Anspielungen etlicher deutscher Fassungen auf angeblich „dickschädelige Nigger“, die man „nicht mit Gründen überzeugen“ könne, und dergleichen führen ebenso wie die syntaktische und argumentative Verselbständigung mehrerer Übersetzungen gegenüber dem Original dazu, daß Huck Jim auf eine Weise herabwürdigt, die vom textlichen Umfeld nicht mehr korrigiert wird. In all diesen Fällen schlägt also der im Originaltext angelegte Antirassismus tendenziell oder sogar offen in Rassismus um.

Kommen wir zum Fazit, das insgesamt nur recht betrüblich ausfallen kann. Wenn wir, wie es nur recht und billig ist, von einer literarischen Übersetzung verlangen, die quantitative wie qualitative Integrität eines Textes zu wahren und das ästhetische Niveau sowie die sprachliche Vielfalt der quellsprachlichen Fassung in der Übersetzung möglichst getreu umzusetzen, müssen wir den allermeisten deutschen *Huck-Finn*-Übersetzungen ein negatives Urteil aussprechen. Unter den 39 erfaßten deutschen Fassungen sind:

- achtzehn im eigentlichen Text (die Vorsprüche unberücksichtigt) gekürzte Fassungen: Hartz 1925, Keiler 1927, Mathieu 1938, Eger 1944, Geiger 1947, Sigwart 1948, Günther 1948, Weseloh 1950, Wübben 1951, Gramowski 1954, Eppe 1958, Lorenz 1962, Borgers 1964, Paar 1964, Helmstaedt 1970, anon. ca. 1972, Stigloher 1985 und Walbrecker 1995;
- neun eindeutige Plagiate früherer Fassungen: Mathieu 1938, Geiger 1947, Wohlfahrt 1952, Gramowski 1954, Lorenz 1962, Paar 1964, Herrmann 1969, anon. ca. 1972 und Czedik-Eysenberg 1991.

Damit reduziert sich die Zahl der möglicherweise vollständigen und eigenständigen deutschen *Huck-Finn*-Übersetzungen auf 18, mitgezählt die Fassung von Berger

(1955), die zwar im Impressum als „nach einer älteren Übersetzung bearbeitet“ bezeichnet wird, aber tatsächlich selbständiger ist als manch andere, die als Neuübersetzung daherkommt (Bergers Fassung scheint eine durchgreifende Überarbeitung der Fassung von Mathieu zu sein, die wiederum ein eindeutiges Plagiat der Fassung von Steindorff ist). Unter diesen eigenständigen Komplettfassungen wiederum sind:

- elf Fassungen, die den Sklavenjargon in rassistisch verunglimpfender Weise zu einem Simpel- und Dummdeutsch machen: Koch 1890, Hellwag 1902, Schloß 1913, Steindorff 1921, Löbl / Voggenreiter 1939, Silzer 1953, Berger 1955, Lübbren 1956, Cramer-Nauhaus 1956, Faßhauer 1962 und Beheim-Schwarzbach 1966;
- eine Fassung, die die dialektalen Besonderheiten des Originals komplett einebnet, indem sie alle Sprechweisen – auch den extremen Sklavenduktus – in weitgehend standardisiertes Deutsch überführt: Schönfeldt 1978.

Es bleiben lediglich sechs Fassungen übrig, die es verdient haben, als deutsche *Huck-Finn*-Übersetzungen grundsätzlich ernstgenommen zu werden: Krüger 1963, Sachse 1985, Schöller 1991, Harranth 1995, Rathjen 1997 und die alemannische Fassung von Wurth 1997. Alle anderen Fassungen sind höchstens als Dokumente übersetzerischer und / oder editorischer Unzulänglichkeiten bemerkenswert, sollten freilich Lesern, die Anspruch auf die Lektüre einer ungekürzten, grundsätzlich verläßlichen und die Textintentionen des Originals wahrenden deutschen Übersetzung erheben, nicht weiter zugemutet werden. Daß die dubiosen Fassungen heute vor allem in Form von Kinder- und Jugendbuchausgaben auf dem Buchmarkt präsent sind, macht die Sache keineswegs besser, denn gerade Heranwachsende sollten gewiß nicht mit rassistisch verzerrten Versionen eines eigentlich antirassistischen Buches behelligt werden.

Schließen möchte ich zur Abschreckung mit einem weiteren Beispiel für die aberwitzige Unzulänglichkeit der allermeisten Fassungen, diesmal ohne präzisen Stellennachweis, der für die Verhunzungen schon zuviel der Ehre darstellen würde. In Kapitel 34 hören wir zum ersten Mal nach langer Zeit wieder die Stimme Jims, der seine unerwarteten Besucher Huck Finn und Tom Sawyer mit den überraschten Worten begrüßt: „Why, *Huck!* En good *lan'!* ain' dat Misto Tom?“ In der überwiegenden Mehrzahl der deutschen Fassungen ist dieses Wiedersehen respektive Wiederhören wahrlich kein Grund zur Freude:

> Koch 1890: „Warraftig, da sein Huck! Un, gute, gnädige Himmelsherr, sein das nicht Herr Tom, junge Herr Tom?“ – Hellwag 1902: „Huck!... beim Himmel – und das sein Master Tom?“ – Schloß 1913: „Aber da sein ja Huck! Und, himmlisches Güte, sein das nicht Tom, Master Tom?“ – Steindorff 1921: „Was, Huck? Du meine Gott, sein das nich Herr Tom?“ – Hartz 1925: „Lieber Gott, Huck, und sein das nich Herr Tom?“ – Mathieu 1938: „Was, Huck? Du meine Gott, sein das nich Master Tom?“ – Löbl / Voggenreiter 1939: „Oh, Huck! Gottes willen! Das nicht sein Herr Tom?“ – Geiger 1947: „Oh, Huck! Gottes willen! Das nicht sein Herr Tom?“ – Sigwart 1948: „Was? Der Huck! und, bei Gott, sein dies nicht jung' Herr Tom?“ – Günther 1948: „Oh, Huck hier sein! Und Master Tom auch. Oh, oh, oh!“ – Weseloh 1950: „Was – Huck? Und gutes Gott! Sein das nicht Master Tom?“ – Wübben 1951: „Hallo, Huck, da sein du ja! Und, Vater in Himmel, sein das nich Master Tom?“ – Wohlfahrt 1952: „Wahrraftig, da sein Huck! und, guter Himmel,

sein das nicht Tom, Master Tom?“ – Silzer 1953: „Huck! Da sein Huck! Und, meine Güte, sein das nicht Master Tom?“ – Berger 1955: „Was, Huck? Du mein Gott, ist das nicht Master Tom?“ – Lübbren 1956: „Herrje, Huck! Und, große Gott, sein das nix Herr Tom?“ – Cramer-Nauhaus 1956: „Aber Huck! Und guter Gott! – sein das Master Tom?“ –Eppe 1958: „Huck! O meine liebe Gott, und sein das nicht Master Tom?“ – Lorenz 1962: „O Huck! Gottes willen! Das nicht sein Master Tom?“ – Faßhauer 1962: „Beim Himmel, der Huck! Und das – sein das nicht Master Tom?“ – Krüger 1963: „Nanu, Huck! Und, du liebe Güte, ist das nich Mr. Tom?“ – Borgers 1964: „Jesus! ... Das is ja Huck! Und sieh’ da, de junge Herr Tom!“ – Paar 1964: „Oh, Huck, Gottes willen! Das nicht sein Herr Tom?“ – Beheim-Schwarzbach 1966: „Oh – Huck! Und lieber Gott, sein das nicht Master Tom?“ – Herrmann 1969: „Huck?! Und ist das nicht Master Tom?“ – anon. (Tosa Verlag) ca. 1972: „Oh, Huck! Gottes willen! Ist das nicht Herr Tom?“ – Schönfeldt 1978: „Ach, Huck! Und lieber Gott! Ist das nicht Master Tom?“ – Sachse 1985: „Was, *Huck*! Und, gütiger Himmel, isses nich Massa *Tom*?“ – Schöller 1991: „*Du* – Huck! Un Himmel noch mal! – is des net Mr. Tom?“ – Czedik-Eysenberg 1991: „Was, Huck? Du meine Güte, sein das nich Master Tom?“ – Walbrecker 1995: „Tom Sawyer?... Und gutes altes Freund Huck?“ – Harranth 1995: „Na so was, *Huck*! Und meinerseel, isdasnich Mistah Tom?” – Rathjen 1997: „Was ’n, *Huck!* Un’ *Allmäch’ger!* is’ ’n das ’a nich’ Missa Tom?“ – Wurth 1997: „Ha, *Huck!* Un Guetr *Himml!* Isch sell nit Herr Tom?“

Das ist der reinste Horror, nur sehr punktuell durchsetzt mit kleinen Lichtblicken. Wenden wir uns an dieser Stelle also ab, wenn auch mit Grausen.

Re: Joyce, germanlooking
Vom Verdicken und Verdünnen

Der plattgemachte Joyce: Dieter Stündel vergreift sich an *Finnegans Wake*

Die Sprache von *Finnegans Wake* ist, um mit Ezra Pound zu sprechen, eine Sprache, die bis zur Grenze des Möglichen mit Sinn aufgeladen ist – mancher Leser würde wohl auch sagen: bis über die Grenzen des Erträglichen hinaus. Über gut 600 Seiten hinweg verrührt Joyce die englische mit etwa vierzig anderen Sprachen, berauscht sich an Doppel- und Mehrdeutigkeiten, sagt immer vielerlei gleichzeitig (und fast nichts so, daß man es eindeutig erkennen kann) und knetet jeden einzelnen Buchstaben und jede Lautfolge so durch, daß die Sprache vor lauter Geschmeidigkeit ins Schlittern kommt. Wenn die Weltliteratur überhaupt ein unübersetzbares Werk kennt, dann ist das *Finnegans Wake*. Um so bemerkenswerter muß die Tat scheinen, die ein Siegener Rundfunkjournalist verbrochen hat – er will das Joycesche Spätwerk tatsächlich komplett übersetzt haben.

Der Ruf eilte der Tat voraus: seit 1991 bekannt wurde, daß Dieter H. Stündel den Unroman von James Joyce tatsächlich komplett ins Deutsche gebracht hatte, ließ Stündel sich vom Literaturbetrieb feiern. Er ging auf Lesetour, gab Interviews von RTL bis in die Provinzpresse, wurde von einer Fernsehillustrierten gar zum „Übersetzer der Woche" gekürt – nur war das Werk, das er da vollbracht, nicht greifbar. Den Lobhudeleien tat das freilich keinen Abbruch; deren Urheber behalfen sich, indem sie Stündels Eigensicht der Dinge wiedergaben, die sich vor allem in den olympischen Kategorien ‚Erster / Schwerster / Größter' austobte. Es ging um ein Ereignis, ein Spektakel, nicht um eine Bewertung der Leistung als solcher.

Zwei Jahre später dann war sie (verzögert durch rafferische Rechtshändel) endlich auf dem Markt, die Stündelsche Leistung[2] – und schob wiederum das Spektakuläre vor, nämlich in Gestalt des protzigen Buchformats. Stündels *Finnegans Wehg*, wie es uns der kleine Darmstädter Verlag Jürgen Häusser offeriert, ist noch größer, noch schwerer als Arno Schmidts Romanmonstrum *Zettel's Traum* – und teurer war es zunächst auch, bis sich der Verleger besann, den Preis für die Restauflage von stolzen 840 auf läppische 298 Märker zu senken. Vielleicht gelingt es mittels des horrenden Preises sogar, Stündel ein wenigstens einigermaßen angemessenes Honorar für seine angeblich siebzehn Jahre währende Mühsal einzutragen: dies wäre die einzig legitime Rechtfertigung für das Riesenformat.

Eine inhaltliche Rechtfertigung dafür gibt es nämlich nicht. Das Original von *Finnegans Wake* ist mit 628 Seiten zwar leidlich dick, aber im Satzspiegel durchaus normgerecht; im zweisprachigen Paralleldruck käme man mit einem handelsüblichen Dünndruck- oder zwei Normalbänden aus. Nein, wird Stündel einwenden, denn er wolle ja seine Entschlüsselungen und Annotationen beigeben, mit denen er den Originaltext rechts, links und bis zur Seite 35 auch oben und unten umstellt hat. Genau diese Dreingaben sind aber überflüssig wie ein Kropf; mehr noch: sie stammen gar nicht von Stündel. Beiderseits des Textes stehen ausnahmslos „Obertöne“, die der Joyceaner Clive Hart bei der Arbeit an seiner *Wake*-Konkordanz vor über dreißig Jahren als Nebenprodukt auflistete; diese von Hart alphabetisch sortierten, weder

---

[2] Dieter H. Stündel, *Finnegans Wehg. Kainnäh ÜbelSätzZung des Wehrkeß fun Schämes Scheuß* (Darmstadt: Häusser 1993).

erschöpfenden noch sonderlich tiefreichenden Kleinstentschlüsselungen verteilte Stündel auf die entsprechenden Textstellen zurück, worüber die ersten paar Jahre seiner Kärrnerarbeit vergingen. Tatsächlich von ihm stammen die kümmerlichen Dreingaben oben und unten, die freilich, wie gesagt, nach 35 Seiten enden, weswegen eben diese Seite 35 denn auch in Stündels Subskriptionsprospekt abgebildet war.

Hinzu kommt – und damit wären wir endlich bei der Eindeutschung selber –, daß sich die von den Randentschlüsselungen genährten Einsichten kaum jemals in Stündels deutschem Text wiederfinden. Das freilich entspricht wohl dem Arbeitsprinzip Stündels, der jeden Versuch einer wissenschaftlichen – oder auch nur ernsthaften – Beschäftigung mit *Finnegans Wake* für fruchtlos und das ganze Buch statt dessen für eine Spielwiese zum Austoben der eigenen Kalauerwut hält. Und eben wirklich der eigenen, das heißt der Stündelschen Kalauerwut: das, was Joyce in *Finnegans Wake* macht, kriegt Stündel entweder nicht mit oder versteht es nicht oder ignoriert es vorsätzlich; er entnimmt *Finnegans Wake* nur das Gerüst, die ‚grobe Richtung', wischt alle Joyceschen Doppeldeutigkeiten und Anspielungen und Sinnverknotungen vom Tisch und gießt statt dessen über den so erhaltenen Rumpftext einen Sturzbach gänzlich unjoycescher Ein- und Aus- und Unfälle. *Finnegans Wake* wird auf diese Weise nicht übersetzt, sondern schlichtweg ersetzt – oder auch untersetzt, wobei die Fallhöhe skandalös groß ist.

Es gab einmal einen bitterbösen Satiriker namens Jonathan Swift, Ire wie Joyce, der schrieb ein galliges, abgründiges Buch: *Gullivers Reisen*. Das Buch wurde bekanntlich späterhin in schlimmsten Kastrierungen ‚zum Gebrauche der Jugend' verbreitet, die dafür verantwortlich sind, daß viele Leser gar nicht wissen, was Swift da eigentlich geschrieben hatte. Alles in allem hat Stündels

„Kainnäh ÜbelSätzZung des Wehrkeß fun Schämes Scheuß“ mit *Finnegans Wake* aber nicht einmal soviel Ähnlichkeit, wie es die Kinderbuchfassungen von *Gullivers Reisen* mit Swifts Text gleichen Titels haben. Der Unterschied ist: während die Swift-Kastrierer alles Grobschlächtige und Anstößige eliminierten, reduziert der Joyce-Vergewaltiger Stündel den vermeintlich übersetzten Text auf Schlüpfrigkeiten und koprophile Ferkeleien. Gewiß, schon bei Joyce gehören zu den Doppeldeutigkeiten auch eindeutige Zweideutigkeiten, aber sie sind doch nicht alles und schon gar kein Selbstzweck, sondern fügen sich ein in komplizierte Sinnstrukturen. Davon ist in Stündels Umschrift nichts zu spüren; er steht dem Joyceschen Text völlig verständnislos gegenüber, überliest oftmals sogar die wirklich obszönen Zwischentöne und reiht statt dessen plumpste Zotigkeiten aneinander. Aus „IreWaker“ macht er „IhrFicker“, aus „una mona“ „eine dumme Fotze“, aus „Sublime Porter“ einen „Erhabenen SchweifTräger“, aus „Far calls“ „Fahr möses“ und findet das alles offenbar brüllend komisch, auch wenn’s mit Joyce nichts mehr zu tun hat.

Finnegans Wake mag für den, der es zum ersten Mal aufschlägt, aussehen wie ein Einheitsbrei aus lauter Sprachverzerrungen; wer sich die Mühe genaueren Hinschauens macht, kann freilich eine unerhörte Vielfalt in Sprache, Stil, Tonfall und Themen entdecken, und diese Mühe sollte man von einem Übersetzer allemal erwarten dürfen. Stündel aber ficht das nicht an; er schert sich nicht um die Textintentionen und müht sich auch nicht, den Abwechslungsreichtum der Textur zu bewahren. Alles wird eingeebnet; ob bei Joyce nun ein Passus in verzerrtem oder in völlig korrektem Englisch steht, ob er vielleicht sogar in tadellosem Latein oder verballhorntem Spanisch, in Kindersprache oder Juristenjargon abgefaßt ist: bei Stündel klingt alles gleich; alles ist auf einen stets gleichbleibenden Grad von forcierter Witzigkeit getrimmt worden.

Nun steht ein Übersetzer von *Finnegans Wake* zugegebenermaßen vor einem Riesenproblem: niemand kann behaupten, das Buch auch nur annähernd verstanden zu haben (und wer es doch glaubt wie Arno Schmidt, liegt mit Sicherheit falsch). Wie aber soll man ein Buch übersetzen, das man nicht versteht? Dieter H. Stündel zieht sich denkbar elegant aus der Affäre: er übersetzt einfach sein Unverständnis; er ersetzt den nur prinzipiell verstehbaren, in der Praxis aber unverstandenen Text durch einen Text ohne allen Sinn und Verstand. Stündel sieht nur das Durcheinandrige, das Verdrehte an *Finnegans Wake* und unterstellt in beneidenswerter Naivität, hier gebe es gar nichts zu verstehen, folglich brauche man auf die Feinheiten auch nicht zu achten und sich nur darum zu bemühen, daß in der Eindeutschung alles durcheinander und verdreht daherkomme. So gesehen, erfordert die Übersetzung von *Finnegans Wake* nicht mehr, sondern weniger Mühe als jede andere und berechtigt zu jeder Eigenmächtigkeit bis hin zu der, Sätze in ihr Gegenteil zu verkehren. In der Tat unterlaufen Stündel, wohlverborgen vom Gesamteindruck des grenzenlosen Chaos, auf buchstäblich jeder Seite Fehler, die er sich in keiner anderen Übersetzung ungestraft erlauben könnte: da überliest er in der Eile ein „not“ oder „never“; das Mädchen „Nuvoletta“ wird als „Wollkehlschön“ übersetzt, und als wenige Zeilen später die Schwester „Nuvoluccia“ auftritt, heißt die bei Stündel ebenfalls „Wollkehlschön“; „the one one oneth of the propecies“ wird zu „den ein Einsten Probstezeihungen“, als seien 11 und 111 identisch. Aus einem Plural macht Stündel schon mal einen Singular, aus einem Verb ein Substantiv, aus der dritten die zweite Person; wo „for“ eindeutig als Konjunktion „denn“ steht, liest Stündel die Präposition „für“ heraus, obwohl das dann keinen

Sinn ergibt, und das Relativpronomen „who“ (= „der“) deutet er sich als Interrogativpronomen „wer“ – Fehler, die in einer ‚normalen‘ Übersetzung dem blutigsten Anfänger nicht passieren dürften, die aber in der konfusen Textmasse, die uns Stündel als verdeutschtes *Finnegans Wake* hinstellen will, kaum noch auffallen. Beginnt Joyce am Anfang eines langen Schachtelsatzes eine grammatisch eindeutige Konstruktion und beendet sie eine halbe Seite später folgerichtig und korrekt, so gerät sie Stündel über den vielen Parenthesen meist ganz aus dem Blick und verleitet ihn immer wieder zu stümperhaftem Gestammel, das eines Dreijährigen würdig wäre. Selbst da, wo Stündel nur fehlerlos abschreiben bräuchte (z.B. Joycens „Tsin tsin tsin tsin“), gibt er in Geberlaune drei Kommata zu; wo Joyce eins stehen hat (z.B. in „zimzim, zimzim“), streicht er’s weg. Oder ist das Stündels persönliche Note, daß er schlechthin alles ändert? Das Fazit lautet in Stündels eigenen Worten: „Ein schrecklich primitiver missvierstänkliches Spiel.“

Dabei wären die punktuellen Fehler immerhin in einer (wenn auch mühsamen) Detailkorrektur noch zu beheben; das grundsätzliche Problem bleibt aber die komplette und durchgängige Ersetzung der strukturierten Joyceschen Obertonschichten durch unverbundene, unmotivierte und zumeist zotige Zugaben aus Stündels ureigener Giftküche. Einer wirklichen Übersetzung von *Finnegans Wake* müßte es darum gehen, die von Joyce angelegten Lautvernetzungen und Bedeutungscluster so präzis wie irgend möglich in der deutschen Sprache zu reproduzieren. Stündel tut dies nicht einmal ansatzweise, sondern läßt seiner Kalauerwut freien Lauf. Manch ein Leser mag diese reichlich unpoetischen Kalauerkaskaden mäßig ulkig finden, und das ist ja auch schon was; daß Stündel aber erst den ganzen Reichtum der vielfältig verwirkten Textschichten von *Finnegans Wake* abräumt, nur um diese armseligen

Kalauer an deren Stelle zu setzen, das ist einer der dümmsten Schildbürgerstreiche der Übersetzungsgeschichte.

Quadratur des Kreises: wie *Finnegans Wake* übersetzen?

Arno Schmidt, der vermeintliche „deutsche Joyce“, las *Finnegans Wake* wahrscheinlich Anfang 1960 und brauchte ein ganzes Jahrzehnt, um über die Bedrohung durch den Joyceschen Einfluß hinwegzukommen, die sich aus jener Lektüre für ihn ergab. Einer von Schmidts Radio-Essays zu Joyce, „Der Triton mit dem Sonnenschirm“ aus dem Jahre 1961, beschäftigt sich mit der Übersetzbarkeit von *Finnegans Wake* und inkorporiert auch Bruchstücke aus Schmidts eigener *Wake*-Übersetzung, die schon 1960 begonnen und bald danach aufgegeben worden war. Am Ende des „Triton“-Essays erklärt Schmidts Sprecher B.:

> Ich will es ganz vorsichtig formulieren; aber ich möchte doch dabei bleiben: *das englische Original ist für den deutschen Leser völlig undiskutabel!* – Der kann nur hoffen, daß eine vermittelnde, leidlich klare, menschlich=umschreibende und reichlich kommentierende Verdeutschung, ihm, früher oder später, einen Begriff davon gibt, was mit FW beabsichtigt war.

Und Sprecher C. erwidert:

> Ist es arg ketzerisch, wenn mir unwillkürlich die Bemerkung entkommt, daß jegliche *Um*=schreibung, in eine andere Sprache, besser sein wird, als das Original=selbst ?

„Sehr gut,“ entgegnet Sprecher B.[3]

---

[3] Arno Schmidt, „Der Triton mit dem Sonnenschirm (Überlegungen zu einer Lesbarmachung von FINNEGANS WAKE von James

Sehr gut also, jede *Wake*-Übersetzung besser als das Original – ich will aber freimütig eingestehen, daß meine es nicht ist: sie ist unzweifelhaft schlechter als das Original, und daraus darf man durchaus folgern, daß meine *Wake*-Übersetzungen keine *Wake*-Übersetzungen im Sinne Arno Schmidts sind. Was ich anstrebe, wenn ich Teile von *Finnegans Wake* übersetze, ist keine Vermittlung oder Verklarung oder menschliche Umschreibung oder Kommentierung des Originals, sondern ich möchte einen in seiner Grundsprache deutschen Text schaffen, der ebenso unklar und unerklärt (und, wenn das möglich ist, unerklärbar) daherkommt wie der Joycesche Text. Um dieses Ziel zu erreichen, verzichte ich erklärtermaßen auf jedwede Theorie zur Frage, worum es in *Finnegans Wake* eigentlich geht – oder, um in Arno Schmidts Begrifflichkeit zu sprechen: ich habe und erstrebe kein „Lesemodell".

In Schmidts Augen war es beim Umgang mit dem *Wake* völlig unumgänglich, zu einer solchen Gesamtinterpretation zu greifen: „bevor Sie an die Lektüre von FW gehen, tun Sie gut, das ein= oder andere Lesemodell zu wählen."[4] Als Klaus Reichert in seiner Rezension der Schmidtschen Joyce-Essays die darin vorgetragenen seltsamsten *Wake*-Interpretationen Schmidts beherzt aus den Angel hob, mochte er nur einen einzigen Punkt als angemessen gelten lassen, und das war ausgerechnet Schmidts „These vom Lesemodell, das, um übersetzen zu können, zuerst zu erstellen sei"[5]. Ich für mein Teil möchte sowohl Reichert

---

Joyce)", in ders., *Dialoge 3*, = Bargfelder Ausgabe, Bd. II/3 (Zürich: Haffmans 1991), S. 31-69, hier S. 69.

4 Ebd., S. 54.

5 Klaus Reichert, „Der Doktor Allwissend", in *Frankfurter Allgemeine Zeitung* (17. März 1970), Wiederabdruck in *Über Arno Schmidt. Rezensionen vom „Leviathan" bis zur „Julia"*, hg. v. Hans-Michael Bock (Zürich: Haffmans 1984), S. 178-180, hier S. 180.

als auch Schmidt widersprechen und behaupten: wenn man an eine Übersetzung geht, muß man jedwedes Lesemodell, jede Interpretation dessen, was in *Finnegans Wake* vor sich geht, absolut vermeiden. Man darf nichts verstehen. Man muß auf den Joyceschen Text mit so wenig Verständnis wie eben möglich schauen und die Joyceschen Sätze übersetzen in Sätze, die man ebenfalls nicht versteht.

Ich spreche hier nicht von dem „tricky problem", auf das Mitglieder der Frankfurter *Wake*-Übersetzungsgruppe in einem Aufsatz hingewiesen haben: „how to translate those words that one simply does not understand."[6] Natürlich möchte ich jedes einzelne Wort ‚verstehen' – oder, um es korrekter auszudrücken, ich möchte ‚verstehen', welche Sinnpartikel in einem gegebenen Wort und einem gegebenen Satz vorhanden sind; als Übersetzer sollte ich aber nicht verstehen, *warum* diese Partikel hier vorhanden sind. Der Unterschied, auf den ich hinaus will, ist im Grunde der zwischen Form und Bedeutung, zwischen Wissen und Verständnis: der ideale Übersetzer von *Finnegans Wake* weiß alles über den Text, aber er versteht nichts; der ideale Übersetzer hat den kompletten Text im Kopf, erkennt bei jedem gegebenen Wort oder Satz aus dem *Wake* jedes Echo auf andere Wörter oder Sätze innerhalb oder außerhalb des *Wake*, bemerkt alle syntaktischen, semantischen, lautlichen oder sprachlichen Strukturen und versucht, möglichst viel von diesen Strukturen in seine Übersetzung zu transferieren, ohne sich dabei zu fragen, warum Joyce diese und nicht andere Strukturen gewählt hat. Und ich räume gerne ein, daß ich

---

6 Elisabeth Ruge, Reinhard Schäfer und Dirk Vanderbeke, „Digressions of the Book for Allemannen", in *European Joyce Studies 2.* Finnegans Wake*: Fifty Years,* hg. v. Geert Lernout (Amsterdam: Rodopi 1990), S. 37-45, hier S. 45.

selbst gewiß nicht ein solcher idealer Übersetzer bin: ich verstehe zwar tatsächlich nichts, das stimmt schon, aber ich weiß auch nur wenig: wenig mehr nämlich, als ich den Büchern solcher Joyce-Kommentatoren wie Roland McHugh entnehmen kann.

Der ideale Übersetzer – der alles weiß und nichts versteht – dieser ideale Übersetzer also versucht, all das, was er vom Text weiß, in seiner übersetzten Version zu reproduzieren; er schafft es natürlich nicht, aber läßt sich nicht von dem Bemühen abbringen, es zu versuchen, und die einzige Hierarchie, die er kennt und akzeptiert, ist die Hierarchie zwischen übersetzbaren und nichtübersetzbaren Anteilen seines Wissens über den Text. Der Übersetzer im Sinne Arno Schmidts hingegen – jener, der glaubt, etwas zu verstehen, weil er mit einem Lesemodell ausgerüstet ist – dieser Schmidtsche Übersetzer etabliert unvermeidlicherweise eine andere Art von Hierarchie: nämlich die Hierarchie zwischen solchen Informationen, die er versteht, und solchen Informationen, die er nicht versteht; zwischen Informationen, die sein Lesemodell stützen, und Informationen, die dem Lesemodell zuwiderlaufen; zwischen dem, was er im Joyceschen Text für wichtig hält, und dem, was er für unwichtig (oder sogar störend) hält. Es ist offensichtlich, daß ein solcher Übersetzer eben jene Hierarchie übersetzt, die er dem Text übergestülpt hat, und nicht den nichthierarchischen Joyceschen Text, auf den jeder Leser rechtens Anspruch hätte, wenn er *Finnegans Wake* – oder eine Übersetzung von *Finnegans Wake* – zum ersten Mal liest.

Die *Wake*-Übersetzung, um die es mir geht, ist freilich gerade nicht jene Art Lesehilfe, mit der der Übersetzer nach Arno Schmidts Meinung den Leser versorgen sollte – oder, um es noch genauer zu sagen: die mir vorschwebende Übersetzung ist eine Lesehilfe nur für jemanden, der nicht gut genug Englisch kann (bei mir selbst angefangen: ursprünglich übersetzte ich nur deshalb Teile aus dem *Wake* ins Deutsche, um mir selbst einen Text zu verschaffen, den ich ebenso flüssig lesen konnte wie ein muttersprachlicher englischer Leser das Original); eine Lesehilfe ist die von mir angestrebte Übersetzung aber nicht für jemanden, der etwas über *Finnegans Wake* erfahren will, ohne *Finnegans Wake* selbst zu lesen. In den Augen Arno Schmidts sah *Finnegans Wake* aus wie eine „Zerrgestalt", die das nötig hatte, was Schmidt eine „Entzerrung ins Deutsche"[7] nannte. Was ich im Sinn habe, wenn ich Teile aus *Finnegans Wake* ins Deutsche zu bringen versuche, ist etwas gänzlich anderes und entgegengesetztes: ich will das leisten, was ich an anderer Stelle einmal „Transzerrung"[8] genannt habe. Das soll heißen: ich will die Joycesche „Zerrgestalt" in eine Version transferieren, die deutsche Sprachbrocken hat, wo im Original englische Sprachbrocken zu finden sind, die aber ansonsten ebenso ‚verzerrt' ist wie das Original.

Solange wir nicht wissen, worum es in *Finnegans Wake* eigentlich geht (falls es darin überhaupt um etwas geht und das Buch nicht einfach selbst ein Etwas ist), solange können wir auch nie sicher sein, ob nicht etwas verlorengeht, wenn wir irgend etwas im Text verändern. Deswegen sollte der Übersetzer so wenig verändern wie irgend möglich: also nicht frei übersetzen, wenn es eine Möglichkeit gibt, pedantischer zu übersetzen; sich nicht verpflichtet fühlen, in der Übersetzung einen guten deutschen Stil zu pflegen, wo schlechter deutscher Stil der Satz-

---

7 Schmidt, „Der Triton mit dem Sonnenschirm", a.a.O., S. 70.

8 Friedhelm Rathjen, „Nöö, Euer Maddetät! Überlegungen zu Status und Theorie der Schmidtschen *Finnegans-Wake*-Übersetzungen und ein Gegenentwurf", in *Zettelkasten 10. Aufsätze und Arbeiten zum Werk Arno Schmidts. Jahrbuch der Gesellschaft der Arno-Schmidt-Leser 1991*, hg. v. Rudi Schweikert (Frankfurt a.M.: Bangert & Metzler 1991), S. 197-229, hier S. 220.

struktur im Original näherkommt (dies ist übrigens auch der Grund dafür, daß ich glaube, ein guter Übersetzer und ein guter *Wake*-Übersetzer seien zwei ganz und gar unterschiedliche Paar Schuh); schließlich sollte man meines Erachtens versuchen, jeden Joyceschen Kalauer, jede Doppeldeutigkeit, jede Anspielung, jeden Klangeffekt oder was auch immer im Text vorkommt zu reproduzieren, und zwar möglichst genau an jener Stelle, wo es auch im Original auftritt (vielleicht ist die Stelle bedeutsam – wissen kann der Übersetzer das natürlich nicht, weil er nichts versteht.)

Meine Art und Weise, *Finnegans Wake* zu übersetzen, besteht also daraus, daß ich erstens alle Informationsschichten, die ich im Original vorfinde, identifiziere und voneinander ablöse, zweitens alle Informationsbrocken ins Deutsche übertrage und drittens soviel wie möglich von diesen übersetzten Informationsbrocken wieder miteinander vermenge. Dieser Ablauf klingt womöglich simpel (was er nur theoretisch ist), und er klingt folgerichtig, doch man sollte zur Kenntnis nehmen, daß manche Leute gänzlich andere Methoden bevorzugen. Manche Leute ziehen es vor, nur die offensichtlichste Sinnschicht des Textes herauszugreifen und alles andere wegzulassen; dies scheint die Methode des französischen Übersetzers Philippe Lavergne zu sein. Manche Leute bevorzugen es, die am wenigsten offensichtliche Sinnschicht des Textes herauszugreifen und diese Schicht in hochstilisierter Manier zu reproduzieren; dies ist Arno Schmidts Methode. Manche Leute greifen die offensichtlichste Sinnschicht des Textes heraus, übersetzen nur diese Schicht und schütten völlig neue und unangemessene koprophile Kalauer über diese Textschicht; dies ist Dieter Stündels Methode. Manche Leute lösen alle Informationsschichten voneinander, übersetzen die einzelnen Partikel und stellen die so erhaltenen Einzelbausteine hintereinander, statt alles wieder zu amalgamieren; dies ist eine Methode, die zu einem unterschiedlichen Grade mehr oder weniger von jedem Übersetzer angewandt wird (manchmal sogar von mir, wie ich zugeben muß), doch genaugenommen ist auch diese Methode einer der vielen Wege, auf denen man *Finnegans Wake* zerstört, während man so tut, als übersetze man es: das Besondere am *Wake* ist ja eigentlich nicht, daß in diesem Buch so unheimlich viele Dinge gesagt werden, sondern das Besondere ist, daß diese vielen Dinge immer gleichzeitig gesagt werden.

Dubliner Zentralklosett
Zu Christian Enzensbergers Übersetzung von Samuel Becketts Prosasammlung *More Pricks than Kicks*

Harsch gescholten wurde Christian Enzensbergers Übersetzung des Beckettschen Erzählungsbandes *More Pricks than Kicks* gleich nach ihrem Erscheinen im Frühjahr 1989.[1] Bei genauerer Prüfung sowohl der Übersetzung als auch der Schelten wird man freilich den Eindruck nicht los, daß zumindest ein Teil der Kritik an der eigentlichen Problematik der Übersetzung vorbeigeht. Gerade der schärfste Angriff auf Enzensbergers Eindeutschung – er stammt von Peter von Becker – könnte dazu verleiten, die Defizite der Übersetzung als mehr oder weniger punktuelle zu begreifen, die sich durch eine relativ unaufwendige Überarbeitung einzelner Begriffe und Wendungen beheben ließen. Daß die Übersetzung hingegen schon von ihrem Ansatz her hochproblematisch ist, soll im folgenden anhand einiger symptomatischer Beispiele gezeigt werden.

Der für mehrere Kritiker offenbar größte Fehler Enzensbergers ist der Titel *Mehr Prügel als Flügel*, der nicht nur das im Originaltitel mitschwingende Bibelzitat „to kick

---

[1] Vgl. vor allem Peter von Becker, „Ein Anschlag auf Beckett“, in *Die Zeit* 20 (12. Mai 1989), S. 73 f. In meiner eigenen Besprechung „‚So geht die Welt‘. Becketts frühe Erzählungen in deutscher Sprache“ in der *Frankfurter Rundschau* (27. Mai 1989, S. ZB 4) habe ich aus Gründen des beschränkten Raumes die Übersetzungsproblematik nur kurz anreißen können. – Ich zitiere unter dem Sigel *PF* Christian Enzensbergers Übersetzung von Samuel Beckett, *Mehr Prügel als Flügel* (Frankfurt a.M.: Suhrkamp 1989), unter dem Sigel *PK* den Originaltext von Samuel Beckett, *More Pricks than Kicks* (London: Pan / Picador 1974).

against the prick“ („wider den Stachel löcken“) vernachlässige, sondern, schlimmer noch, auch dessen sexuelle Obertöne, die eine Fassung à la „Mehr Schwänze als Tänze“ nahegelegt hätten.[2] Dem ist nicht zu widersprechen; gerade der Titel aber scheint nicht in der Verantwortung von Enzensberger – der ansonsten sexuelle Unterfütterungen eher überbetont als ignoriert – zu liegen: der Band *Mehr Prügel als Flügel* wurde vom Verlag nämlich schon einmal angekündigt, als noch ganz andere Übersetzer im Gespräch waren. Dies führt zu der Frage, warum dieses Buch nicht – wie praktisch alle übrigen Werke Becketts – von Elmar Tophoven ins Deutsche gebracht wurde.

Tophoven übersetzte in den 60er Jahren immerhin die Auftaktgeschichte „Dante und der Hummer“[3]; was das komplette Buch anging, scheiterte er jedoch, und zwar wohl aus zwei Gründen. Zum einen stand Tophoven das Französische sehr viel näher als das Englische; nur für die von Beckett französisch geschriebenen Texte war er allein zuständig, während er die englischen Texte meist in Zusammenarbeit mit seiner Frau Erika übersetzte. Zum zweiten brilliert Samuel Beckett in diesen 1934 im Original veröffentlichten Texten mit solch virtuoser Eloquenz, solchem sprachlichen Einfallsreichtum und einem solchen Aufgebot an munter vermischten Anspielungen, Zitaten und Fremdsprachensplittern, wie ihm das nur möglich war, und um dieser Virtuosität gewachsen zu sein, muß

---

2 Vgl. dazu neben Becker, „Ein Anschlag auf Beckett“, a.a.O., S. 74, vor allem Ria Endres, „Mehr Schwänze als Tänze“, in dies., *Am Anfang war die Stimme. Zu Samuel Becketts Werk. Essays* (Frankfurt a.M.: Suhrkamp 1991), S. 95-100, hier S. 95 (zuerst in *Der Spiegel* 28, 10. Juli 1989).

3 Vgl. Samuel Beckett, *Stücke. Kleine Prosa. Auswahl in einem Band* (Frankfurt a.M.: Suhrkamp 1967), S. 31-47; später auch in Bd. IV der Werkausgabe (bzw. Bd. 10 der Taschenbuchausgabe).

man schon ein besonderer Meister sowohl der englischen als auch der deutschen Sprache und zudem ein Kenner der irischen Verhältnisse, des Beckettschen Gesamtschaffens und möglichst auch der kompletten Weltliteratur sein.

Aber Elmar Tophoven, der Spezialist für Übersetzungen aus dem Französischen, war nicht der einzige, der dieser Aufgabe nicht gewachsen war. Für den Herbst 1977 kündigte der Suhrkamp-Verlag *Mehr Prügel als Flügel* als Supplementband zur Werkausgabe an; die Übersetzung sollte von Wulf Teichmann in Zusammenarbeit mit Klaus Birkenhauer (der schon in seiner Beckett-Bildmonographie viel Wichtiges zum Verständnis der Erzählungen mitgeteilt hatte[4]) erstellt werden. Teichmann und Birkenhauer warfen jedoch das Handtuch, und das Scheitern ausgewiesener Beckett-Kenner wie Tophoven und Birkenhauer läßt durchaus ahnen, daß Christian Enzensberger einiges an Mut und Geschick aufbieten mußte, um die Übersetzung erneut in Angriff zu nehmen und sie schließlich auch zu beenden.

Enzensberger jedoch ist eben kein ausgewiesener Beckett-Kenner und hat sich augenscheinlich auch von keinem beraten lassen. So kommt es, daß die nun vorliegende deutsche Textgestalt von *Mehr Prügel als Flügel* sich denkbar schlecht in den Kontext der übrigen deutschen Beckett-Übersetzungen einfügt. Hat Tophoven stets bei der Eindeutschung neuer Texte penibel darauf geachtet, daß die im Original bestehenden Querverbindungen zu anderen Texten Becketts gewahrt bleiben, so nimmt Enzensberger auf solche Erfordernisse überhaupt keine Rücksicht. Da sucht etwa der Protagonist Belacqua Shuah in der Erzählung „Bammel“ „im Licht einen Kumpan“ (*PF* 178), was im Original „the company of the

[4] Vgl. Klaus Birkenhauer, *Samuel Beckett in Selbstzeugnissen und Bilddokumenten* (Reinbek: Rowohlt 1971), S. 47-54.

light“ (*PK* 146) heißt und damit an Becketts späte Fabel *Company* gemahnt, die freilich im Deutschen *Gesellschaft* heißt und nichts Kumpanenhaftes an sich hat. Kurz zuvor war zudem schon das *Gesellschaft*-Leitmotiv „auf dem Rücken im Dunkeln“ (englisch: „on his back in the dark“) antizipiert worden, nämlich in der Wendung „lay back on his back in this the darkest hour“ (*PK* 145), die sich in Enzensbergers Fassung „legte sich zurück auf seinem Rücken in dieser schwärzesten aller Stunden“ (*PF* 177) allerdings unnötig vom Dunkel entfernt. An anderer Stelle wahrt Enzensberger zwar das Dunkel, adjektiviert dafür aber den Rücken: „on my back in the dark for ever“ (*PK* 28) macht er zu „auf ewig rücklings in der Dunkelheit“ (*PF* 29).

Etwas mehr Einheitlichkeit wäre ohne Mühe zu leisten gewesen, wenn Enzensberger denn auf so etwas geachtet hätte. Dasselbe gilt für den Titel der Erzählung „What a Misfortune“ (*PK* 103), die bei Enzensberger „So ein Pech“ (*PF* 125) heißt: Becketts Titel ist eine Anspielung auf seinen frühen Dialogtext „Che sciagura“, wohinter sich ein Satz aus Voltaires *Candide* verbirgt: „O che sciagura d’essere senza coglioni“ (deutsch: „O welch ein Unglück, keine Hoden zu haben“); die Rücksichtnahme hierauf hätte statt „So ein Pech“ die Wendung „Welch ein Unglück“ erfordert.

In gleicher Weise übersieht Enzensberger in „fair to meedling“ (*PK* 49) und „Dream of Fair to Middling Women“ (*PK* 128; durch die Großschreibung vorsichtig als Titel gekennzeichnet) die Hinweise auf Becketts unveröffentlichten Roman *Dream of Fair to Middling Women* und übersetzt: „befriedigend bis mittelprächtig“ (*PF* 54); „Traumgesicht von schönen bis passablen Frauen“ (*PF* 157; gar nicht mehr als Titel erkennbar).

Dieser Fall des Auseinanderklaffens zweier Wendungen, die im Original praktisch deckungsgleich sind, weist auf ein weiteres Problem hin: die mangelnde Konsistenz und Konsequenz der Enzensbergerschen Übersetzung. Das fängt an mit Kleinigkeiten: Zeitungsnamen werden einmal kursiviert (*PF* 14: „*Herald*"), ein andermal nicht (*PF* 52: „Twilight Herald"); die Anreden „Mr" und „Mrs" werden zwar stets so belassen, aber „No miss" (*PK* 30) wird zu „Nein, Fräulein" (*PF* 32) eingedeutscht.

Diese Inkonsistenz der Übersetzung mag ihre Ursache zu einem bedeutenden Teil in einer Besonderheit ihrer Entstehung finden, die vom Impressum mitgeteilt wird: „Etwa ein Viertel des deutschen Texts stammt von studentischen Arbeitsgruppen im Aufbaustudium Literarische Übersetzung aus dem Englischen am Anglistischen Institut der Universität München / Leitung und Endredaktion: Christian Enzensberger" (*PF* 4). Gegen dieses Verfahren hat Peter von Becker heftig polemisiert: „was vermöchten, nur zum Vergleich, die Hinterbliebenen eines Operierten zu sagen, wenn sie hören, daß bei einer Nierentransplantation der Herr Professor auch seine Studenten mit ans Skalpell gelassen hatte (an ein Viertel Niere)?"[5] Dieser Vorwurf geht aber am wirklich Bedenklichen des Kollektivverfahrens vorbei, denn *Mehr Prügel und Flügel* fällt gerade nicht durch Lehrlingshaftigkeit, sondern im Gegenteil durch eine forcierte übersetzerische Virtuosität auf: es entsteht der unabweisbare Eindruck, viele durchaus fähige Übersetzerköpfe wären von der Ambition geleitet worden, sich gegenseitig zu übertrumpfen.

Gewiß ist eine bestimmte Art virtuos einfallsreichen Übersetzens einem Buch angemessen, in dem der Autor seinerseits alle Mühen auf eine virtuos einfallsreiche Sprache verwandt hat. Freilich verführt der übersetzerische Hang, selbst zu brillieren, dazu, daß nicht die dienende Virtuosität präziser Nachbildung praktiziert

[5] Becker, „Ein Anschlag auf Beckett", a.a.O., S. 74.

wird, die immer etwas von Understatement an sich hat, da sie sich selbst verbirgt und alle Aufmerksamkeit des Lesers auf die Qualität des originalen literarischen Entwurfs leitet, sondern statt dessen die selbstbewußte Virtuosität kreativer Neuschöpfung, die sich selbst herausstellt und ihren Erfolg an dem Grad mißt, bis zu dem sie sich vom Originaltext entfernt.

Genau dies ist bei *Mehr Prügel als Flügel* der Fall: es scheint darum gegangen zu sein, von verschiedenen möglichen Lösungswegen immer den freiesten und selbständigsten zu wählen, was dazu geführt hat, daß gerade die Umsetzung schwieriger Passagen zwar (von einigen Details abgesehen) technisch perfekte Lösungen zeitigte, die aber inhaltlich höchst fragwürdig sind, wie noch zu zeigen sein wird.

Zunächst noch einmal zurück zu den erwähnten Inkonsistenzen, die darauf hindeuten, daß Christian Enzensberger die Aufgabe der „Leitung und Endredaktion“ nicht konsequent genug wahrgenommen hat. Dies hat zum Teil mit der genannten Entfernung der Übersetzung vom Original zu tun, denn da, wo ein Detail der Vorlage nicht getreulich repliziert, sondern durch ein (tatsächliches oder vermeintliches) Äquivalent ersetzt wird, ist gerade bei Mitwirkung mehrerer Übersetzer nicht von vornherein gewährleistet, daß der Umsetzungsfaktor an allen Stellen identisch ist.

Ein Beispiel dafür ist die Umrechnung von Münzwerten: Enzensberger und seine Mitarbeiter transferieren Geldsummen aus englischen in deutsche Währungseinheiten, so daß beispielsweise aus „half-a-crown“ (*PK* 14) „eins-fünfzig“ (*PF* 14) wird. Hier finden sich aber groteske Abweichungen: „tuppence“ (*PK* 42) sind einmal „Zweier“ (*PF* 46), also wohl ein Zweipfennigstück; in der nächsten Erzählung werden aber „thruppence“ (*PK* 48) zu „drei Groschen“ (*PF* 52/53), und schon zuvor waren „Thruppence“ (*PK* 14) gar ein „Fuffziger“ (*PF* 13).

Solche Inkonsequenz der Umsetzungsformel führt im übrigen nicht nur zu graduellen, sondern auch zu prinzipiellen Abweichungen. So treten an einer Stelle der reiche „Boss Croker“ und sein Pferd „Pretty Polly“ auf (*PF* 111), tragen also im deutschen Text englische Namen – was der ansonsten von Enzensberger exzessiv geübten Praxis widerspricht, englische Namen durch deutsche zu ersetzen und beispielsweise „Oliver the improver“ (*PK* 15) zu „Berthold der Besserwisser“ (*PF* 15) und „handy Andy“ (*PK* 152) zu „Kraule-Paule“ (*PF* 186) zu machen.

Gerade diese Praxis der Eindeutschung nicht nur von Zahlungsmitteln, sondern auch von Eigen- und Markennamen freilich gehört zu den fragwürdigsten Maßnahmen der Enzensbergerschen Übersetzung, und dies führt uns in jenen Bereich, in dem die schon angedeutete Entfernung der deutschen Fassung von der englischen am extremsten ist.

Enzensberger ersetzt nicht nur sprechende, sondern beispielsweise auch lautmalerische Namen; so wird in „Liebe und Lethe“ aus der Familie Tough durchgängig die Familie Zach. Hochgerechnet auf die gesamte Weltliteratur würde dieses Verfahren bedeuten, daß nicht nur der Weber Bottom aus Shakespeares *Sommernachtstraum* zum Weber Zettel wird, was ja tatsächlich geschehen ist, sondern beispielsweise Leopold Bloom im Joyceschen *Ulysses* zu Blum, Mark Twains *Huckleberry Finn* zum Heidelbeeren-Finn und Trinakria, der alte Name Siziliens, in deutschen Homer-Übersetzungen zu Dreispitz.

In der Tat gab es ja eine Zeit, da man nichts dabei fand, Laurence Sterne im Deutschen Lorenz Stern zu nennen, was freilich heute reichlich befremdend klingt. Immerhin mag dies ein Stück weit Geschmackssache sein, und daß Christian Enzensberger in dieser Hinsicht seinen eigenen

Geschmack hat, bewies er schon, als er in seiner Lewis-Carroll-Übersetzung den unvergeßlichen Humpty Dumpty zu Goggelmoggel machte.

Hinter der Namensumwandlung steckt ein Prinzip, das noch sehr viel breiter angelegt ist und eine sehr konsequente Art des Übersetzens erfordert. Drei der ehemaligen Mitarbeiterinnen Enzensbergers sprechen von einem „Übersetzungsprinzip [...], das von einem Text als von einem deutschen Text ausgeht und sich somit vorrangig um Äquivalenz bemüht: Der deutsche Leser soll stutzen, wo der englische stutzt; ihm soll nach Möglichkeit geläufig sein, was auch dem Engländer geläufig ist."[6]

Dieser Forderung an literarische Übersetzungen kann man im Grundsatz durchaus beipflichten, denn Literatur funktioniert über die Entfaltung seiner Wirkung beim Leser, und daher kann es dem Übersetzer nur darum gehen, in der Wirkung seiner Fassung beim zielsprachlichen Leser möglichst weit an das heranzukommen, was die Originalfassung an Wirkung beim originalsprachlichen Leser hervorruft. Bei Texten von der Beschaffenheit der Beckettschen Erzählungen treten dabei aber besondere Probleme auf, und es gibt gewisse Grenzen des Sinnvollen und des Machbaren.

Zu den Problemen zählt, daß in Becketts Originaltexten Partikel in deutscher Sprache auftreten; da diese Partikel dem englischen Leser als Fremdsprache entgegentreten, ist es nur richtig, in der deutschen Fassung wiederum Fremdsprachenpartikel an die Stelle der ursprünglichen deutschen zu setzen, was häufig einfach durch einen gegenläufigen Austausch zwischen Quell- und Zielsprache zu bewerkstelligen ist: wenn im englischen Original die deutsche „Aschenputtel" (*PK* 152) auftaucht, so ist die

---

6 Elke Link, Regina Rawlinson, Sabine Roth, „Abschätzige Grundhaltung", Leserbrief in *Die Zeit* 24 (9. Juni 1989), S. 23.

Einfügung der englischen „Zinderella“ (*PF* 186) in den deutschen Text durchaus sinnvoll.

Problematisch an der Einfügung englischer Partikel ist aber, daß Becketts Erzählungen ganz konkret in Dublin – also in einer englischsprachigen Umgebung – lokalisiert sind, so daß zur Kennzeichnung der Fremdsprachenkenntnisse Beckettscher Figuren in der Übersetzung sinnvollerweise auf dritte Sprachen zurückgegriffen werden sollte. Dies tut Enzensberger denn auch mit erklecklichem Aufwand, vor allem im Kapitel „Der Liebesbrief der Smeraldina“: was im Original ein stark deutsch überfremdetes Englisch ist, wird in der Übersetzung zu einem stark italienisch überfremdeten Deutsch. Dem Beckett-Kenner mag dabei unwohl sein, weiß er doch, daß der deutsche Spracheinschlag der Smeraldina ihre besondere Ursache in biographischen Erfahrungen Becketts findet; um die Biographie braucht sich aber der Normalleser nicht zu scheren, und eine in der Wirkung ebenso adäquate Alternative zu Enzensbergers Verfahren ist zudem nicht in Sicht.

Auch Beckers Einwand, Enzensberger habe „aus realen russischen Filmen fingierte italienische“ gemacht[7], ist unpräzis und greift nicht: tatsächlich hat Enzensberger ja nur die deutschen Titel historischer Eisenstein- und Pudowkin-Filme durch die italienischen Titel derselben Filme ersetzt. Daß das ganze Verfahren trotz allem etwas Problematisches an sich hat, ist zwar nicht ganz zu leugnen, aber es gibt keine Lösung, die weniger problematisch und gleichzeitig in der Umsetzung der Wirkungsabsichten ebenso erfolgreich wäre.

Mehr als bedenklich freilich wird es da, wo Enzensberger die Grenzen der Adäquanz übertritt; dies ist spätestens dann der Fall, wenn das Prinzip des Transfers von Text-

---

7 Becker, „Ein Anschlag auf Beckett“, a.a.O., S. 74.

wirkung und das Prinzip der notwendigen Beibehaltung inhaltlich relevanter Textkonstituenten sich nicht mehr vereinigen lassen. Zu diesen inhaltlichen Konstituenten des Erzählungsbandes gehört es, daß die Texte allesamt in Dublin spielen – genauer: in einem historischen Dublin, das sich auf den Zeitraum des ersten Jahrhundertdrittels eingrenzen läßt.

Um diese Tatsache kommt auch Enzensberger nicht herum; mit gutem Grund beläßt er in seiner Übersetzung die „Kerry blue Hündin" (*PF* 111), der er freilich zwei Bindestriche hätte gönnen sollen, und ersetzt sie nicht durch eine deutsche Schäferhündin. Ansonsten verstößt er aber durchgängig gegen das Prinzip des Schauplatzes, eben beispielsweise mit den Namen: im historischen Dublin konnte man nicht „bei Wertheim" (*PF* 51) einkaufen, sondern nur bei „Hyam's" (*PK* 47); ebensowenig war damals ein Dubliner fähig, eine Frau „mit der Hollandkäse-Antje" (*PF* 187) zu vergleichen, wohl aber konnte er sie als „a great raw chateaubriant of a woman" (*PK* 153) bezeichnen.

Das Umfeld ist irisch, und deshalb muß es beim irischen Trinkgruß „Slainte" (*PK* 131) bleiben, zumal der ja auch nicht englisch ist; statt dessen ein „Tamtaradei" (*PF* 161) auszustoßen heißt, den Schauplatz völlig umzukrempeln. Hätte Enzensberger das gewollt, so hätte er auch konsequent sein müssen: er hätte das ganze Buch von Dublin nach Hamburg oder Dresden verlegen, die städtische Topographie mit Straßen und Häuserzeilen einem deutschen Stadtplan angleichen, Fingal durch Rübezahl und überhaupt alle Namen der Dubliner Bürger vollends durch die deutscher Großstädter ersetzen müssen – und letztlich die durch den Schauplatz Dublin mitkonstituierten Handlungselemente durch ein dem Schauplatz Nürnberg entsprechendes Geschehen, den irischen Sarkasmus durch bayerischen Humor, die herkunftsgemäßen Brechungen des Beckettschen Autorbewußtseins durch Enzensbergersche Persönlichkeitsspaltungen ersetzen müssen. Er hätte, kurz gesagt, seine eigenen Erzählungen schreiben, aber nicht diejenigen Becketts übersetzen sollen.

Beckett ist kein realistisch-illusionistischer Autor, auch nicht in *More Pricks than Kicks* – aber die Erzählungen dieses Buches inkorporieren doch eine illusionistische Sedimentschicht, die ihr ästhetisches Sein mitkonstituiert und nicht einfach vernachlässigt werden kann. Die Realismusillusion des Buches wird immer wieder aufgebrochen, aber aufgebrochen werden kann sie nur, wenn sie erst einmal da ist. Zur illusionistischen Ebene der Rezeption durch den Leser gehört es, daß er sich in Dublin wähnt, und auch der Leser einer deutschen Übersetzung weiß, daß dort Englisch gesprochen wird; die Übersetzung von „he never used the English word when the foreign pleased him better“ (*PK* 54) als „nie griff er zu einem deutschen Wort, wenn ihm ein fremdes passender erschien“ (*PF* 60) wahrt diese Möglichkeit der adäquaten Illusionsbildung gerade nicht und schießt deswegen auch über das Ziel der Wirkungsadäquanz hinaus; genau dies markiert jenen Grad, um den Enzensberger seinen sprachlichen Austausch zu weit treibt.

Die Grundsprache des Buches in der Übersetzung muß zwar die deutsche sein, aber es muß ein Deutsch sein, das dem Leser die Illusion erlaubt, die Figuren sprächen und dächten englisch. Das Gefüge aus Schauplatz und Geschehen wird natürlich auch durch die bereits an einigen Beispielen gezeigte Präsenz deutscher Namen gestört; „Thelma bboggs“ (*PK* 107 und öfter) heißt als Dublinerin nun einmal genau so und nicht etwa „Selma Kkloo“ (*PF* 129).

Im übrigen ist ‚Klo‘ eine arge Vergröberung von *bog*, was zwar auch die Bedeutung ‚Abtritt‘ hat, aber doch nur als Nebensinn – zuvorderst heißt es einfach ‚Sumpf‘.

Becketts Erzählungen sind sicherlich nicht zimperlich, aber wenn anstößige Sinnebenen knapp unter der Oberfläche steckenbleiben, dann hat eben auch das die Übersetzung zu replizieren. Enzensberger hingegen neigt dazu, das Untergründige zuoberst zu kehren, wobei ihm naturgemäß dann die eigentliche Oberfläche, der primäre Sinn, verlorengehen muß.

Fatal wirkt sich die Vergröberung des *bog* nicht nur bei der bemitleidenswerten Thelma aus, sondern auch an einer Stelle, an der Beckett den elegischen Schluß der berühmten Joyce-Erzählung „Die Toten" parodiert: „It [= the rain] fell upon the bay, the littoral, the mountains and the plains, and notably upon the Central Bog it fell with a rather desolate uniformity" (*PK* 75). Beckett ersetzt den Joyceschen Schnee durch Regen, aber den Zusammenhang markiert er durch die Vokabeln „plains" und „Central Bog", denn bei Joyce ist von der „dark central plain" (der dunklen Zentralebene) und dem „Bog of Allen" (einem ebenfalls in Mittelirland gelegenen Sumpf- und Moorland) die Rede. Enzensberger aber läßt all das in einem Anfall groben Unfugs fahren: „Es regnete auf die Bucht, auf die Küste, die Berge und die Ebenen, und besonders auf das Dubliner Zentralklosett regnete es mit ausgesprochen trostloser Stetigkeit" (*PF* 88).[8]

---

[8] In der inzwischen erschienenen deutschen Fassung von Becketts lange unveröffentlichtem Roman *Dream of Fair to Middling Women* (in dem die Joyce-Parodie bereits vorhanden ist) ist die Passage nicht ganz so albern, aber doch auch ohne Rücksicht auf den Joyce-Konnex (und die irische Geographie) übersetzt worden. Vgl. Samuel Beckett, *Traum von mehr bis minder schönen Frauen*, üb. v. Wolfgang Held (Frankfurt a.M.: Suhrkamp 1996), S. 313: „der Regen [...] fiel auf die Bucht herab, das ebene Land und die Berge, und besonders auf die versumpfte Stadtmitte fiel er mit recht trostloser Einförmigkeit herab."

Daß Enzensberger außerdem an vielen Stellen unpräzise übersetzt, ist wohl nur zum Teil seinem Bestreben zuzurechnen, sich vom Original möglichst weit zu lösen; die Wendung „Die sah doch höchstens was, wenn sie die Augen schloß!“ (*PF* 25) für das im Original zu findende „If she closed her eyes she might see something“ (*PK* 25) tendiert immerhin dazu, den Sinngehalt umzudrehen, und läßt den Verdacht aufkommen, Enzensberger greife bewußt oder unbewußt an der untergründig extrem solipsistischen Textintention des Buches vorbei und habe es nur als ein munteres Feuerwerk aus grotesken Situationen und überschäumendem Sprachwitz verstanden. Daß er eine entsprechende Lesehaltung unübersehbar seiner ganzen Übersetzung zugrundelegt, läßt insgesamt doch daran zweifeln, daß den Defiziten seiner deutschen Fassung durch Detailkorrekturen hinreichend beizukommen ist. Schade ist das um so mehr, als eine neue Übersetzung nicht in Sicht ist.[9]

Enzensberger hat mit seiner Bemühung um *More Pricks than Kicks* gezeigt, welche Wege man einschlagen kann (und vielleicht auch muß), will man dieses Buch übersetzen – doch er ist um ein Erkleckliches zu weit gegangen auf diesen Wegen. Nehmen wir seine Arbeit als ein Sperrschild: Bis hierher und nicht weiter. Aus Sackgassen, die gleichzeitig Einbahnstraßen sind, ist schwer wieder herauszufinden.

---

[9] Tatsächlich wurde Enzensbergers Fassung zwischenzeitlich revidiert, allerdings so behutsam, daß meine kritischen Einwände bestehen bleiben (und die allermeisten der von mir vorstehend gegebenen Beispiele ihre Gültigkeit behalten). Vgl. Samuel Beckett, *Mehr Prügel als Flügel*, rev. Üb. v. Christian Enzensberger et alii (Frankfurt a.M.: Suhrkamp 1996).

Komm hervor, Chamfort!
Becketts Minimierung der Maximen Chamforts

Es soll immer noch Leute geben, die unbedingt wissen wollen, wer oder was Godot denn wohl sei, und die unterstellen, Samuel Beckett sei es in seinem Werk darum gegangen, irgendwelche tiefschürfenden Aussagen zu treffen. Tatsächlich war es aber immer Becketts Anliegen, präexistente Aussagen in die jeweils ideale Form zu bringen; die Form war ihm wichtiger als die Aussage. Gefaßt wird dieser Sachverhalt in die schöne Formulierung von der „Form der Idee", die Beckett selbst geprägt hat. Zur Erläuterung führte er aus: „Ich interessiere mich für die Form der Idee, auch wenn ich nicht an sie glaube. [...] Auf die Form kommt es an." Und er gibt ein Beispiel: „Bei Augustinus steht ein wundervoller Satz. [...] ‚Verzweifle nicht, einer der Schächer wurde erlöst. Frohlocke nicht, einer der Schächer wurde verdammt.' Dieser Satz hat eine wundervolle Form."[1] Und diese wundervolle Form kommt dadurch zustande, könnten wir hinzufügen, daß ein gegebener Sachverhalt komprimiert wird auf eine denkbar knappe Formulierung, die in ihrer schnörkellosen Schönheit zu glänzen beginnt.

Wie dieser Komprimierungsvorgang konkret abläuft und wie sehr dabei stets die Form über die Idee triumphiert, das möchte ich im folgenden anhand von acht Maximen des Sébastien Chamfort illustrieren, die Beckett sich angeeignet und unter dem Titel „Long after Chamfort" ins Englische – ja, eben nicht übersetzt, sondern reduziert hat.

---

[1] Zitiert nach Klaus Birkenhauer, *Samuel Beckett in Selbstzeugnissen und Bilddokumenten* (Reinbek: Rowohlt 1971), S. 9.

Chamfort, geboren 1741 und gestorben 1794, gilt als klarsichtiger Beobachter der zeitgenössischen Gesellschaft und hielt das, was er sah, in moralisierenden Aphorismen fest. Chamforts Todestag, der 13. April, war passenderweise der Geburtstag Becketts, aber wohl nicht nur deshalb hat sich Beckett mit Chamfort beschäftigt. Etwa in den Jahren 1969 bis 1976 entstanden seine Adaptationen.[2]

Los geht's mit durchgehenden Gäulen. Sébastien Chamfort stellt fest: „Le sot qui a un moment d'esprit étonne et scandalise comme des chevaux de fiacre qui galopent." Zu deutsch also: „Der Dummkopf, der einen Geistesblitz hat, erstaunt und entrüstet wie Kutschpferde, die galoppieren." Das kann man richtig finden und ganz nett beobachtet, aber irgendwie fehlt doch der rechte Schmiß – es fehlt der Idee Chamforts die Form. Geliefert wird sie uns von Beckett, dessen Fassung dieser Maxime so lautet:

Wit in fools has something shocking
Like cabhorses galloping.

Man mag einwenden, Beckett habe es mit der englischen Sprache, die zur Einsilbigkeit neigt, ja auch leichter, eine

---

[2] Zitiert werden sowohl die Maximen Chamforts als auch die Beckettschen Adaptationen im folgenden ohne Einzelnachweis nach dem Parallelabdruck in Samuel Beckett, *Collected Poems in English and French* (London: Calder 1977), S. 122-137. Sämtliche Eindeutschungen aus Chamforts Französisch und Becketts Englisch stammen von mir. – Sechs der acht Maximen in Beckettscher Fassung erschienen zuerst in *The Blue Guitar*, Vol. 1, No. 1, Messina 1975. Schon in den Jahren zuvor zitierte Beckett aber einzelne der versifizierten Maximen in Briefen an Freunde, und eine schrieb er im April 1969 in ein Widmungsexemplar seines *Endspiels*. Vgl. *No Symbols Where None Intended*, hg. v. Carlton Lake (Austin, Texas: Humanities Research Center 1984), S. 101, 114; James Knowlson: *Damned to Fame. The Life of Samuel Beckett* (London: Bloomsbury 1996), S. 600.

knappe Form zu finden. Das Gegenargument ist, daß man seine Fassung aber auch auf deutsch replizieren kann:

> Witz bei Verrückten kann schockieren
> Wie Kutschpferde, die galoppieren.

Form erhält die Idee hier vornehmlich durch die Einrichtung als Gedicht, also durch den Reim und das Metrum. Beckett hat aber auch noch andere Hilfsmittel in petto, wie die nächste Maxime zeigt. Chamfort meint: „Le théâtre tragique a le grand inconvénient moral de mettre trop d'importance à la vie et à la mort." Zu deutsch: „Das tragische Theater verfügt über den großen unangenehmen Mut, das Leben und den Tod viel zu wichtig zu nehmen." Daß dieser Gedanke Beckett entgegenkommt, liegt nahe, und so bemüht er sich wiederum um eine straffe Versifizierung – zusätzlich bedient er sich aber auch noch einer Sprachfärbung, die der Überhöhung, gegen die Chamfort sich wendet, auch stilistisch einen Stich versetzt:

> The trouble with tragedy is the fuss is makes
> About life and death and other tuppenny aches.

In deutscher Sprache könnte das folgendermaßen lauten:

> Im Tragödientheater mag man wohl überdrüssig werden
> Des Getues um Leben und Tod und andere Groschenbeschwerden.

Ansatzweise greift Beckett hier zusätzlich zu den bereits genannten Mitteln der Formung auch auf die Alliteration (**t**rouble / **t**ragedy / **t**uppenny) zurück, was sich in der Eindeutschung leider nur unvollkommen (**T**ragödientheater / Ge**t**ues) replizieren läßt.

Bei den bisherigen beiden Maximen war die reine Textersparnis nur gering. Größer ist sie bei der dritten Maxime, die im Original so lautet: „Quand on soutient que les gens les moins sensible sont à tour prendre, les plus heureux, je me rappelle le proverbe indien: 'Il vaux mieux être assis que debout, couché que assis, mort que tout cela.'" Zu deutsch: „Wenn man versichert, daß die am wenigsten empfindungsfähigen Leute im ganzen genommen die glücklichsten sind, erinnere ich mich des indischen Sprichworts: ‚Es wäre besser, zu sitzen als zu stehen, zu liegen als zu sitzen, tot zu sein als das alles zusammen.'" Beckett streicht das ganze Vorgeplänkel weg und baut seine Version allein auf dem, was Chamfort als indisches Sprichwort präsentiert, auf:

> Better on your arse than on your feet,
> Flat on your back than either, dead than the lot.

In der deutschen Sprache ergibt sich sogar noch die Chance auf einen reineren Reim:

> Besser auf dem Arsch als auf den Pfoten,
> Noch besser auf dem Rücken, am besten bei den Toten.

Bei dieser Maxime wird deutlich, daß die von Beckett erstrebte Formalisierung keineswegs eine Abstrahierung bedeutet: da, wo Chamfort von Körperhaltungen spricht, spricht Beckett sogar ganz konkret von Körperteilen. Dabei schreckt er vor drastischen Ausdrücken, wie man sieht, nicht zurück.

Ist im vorstehenden Beispiel der Reduktionsvorgang noch vornehmlich auf den Verzicht auf die Präliminarien zurückzuführen, so zeigt die vierte Maxime sehr anschaulich Becketts Dehydrationsverfahren als solches. Chamfort schreibt: „Quand on a été bien tourmenté, bien fatigué par sa propre sensibilité, on s'aperçoit qu'il faut vivre au jour le jour, oublier beaucoup, enfin éponger la vie à mesure qu'elle s'écoule." Zu deutsch: „Wenn man reichlich gemartert, reichlich erschöpft worden ist durch sein eigenes Empfindungsvermögen, dann wird man dessen gewahr, daß man von Tag zu Tag leben muß, viel vergessen und schließlich das Leben in dem Maße wegwischen, in dem es verfließt.“ Beckett extrahiert daraus den folgenden kompakten Zweizeiler:

> Live and clean forget from day to day,
> Mop life up as fast as it dribbles away.

Zu übersetzen wäre das ungefähr so:

> Lebe und kehre blitzblank von Tag zu Tag,
> Feg das Leben fort so schnell es vertröpfeln mag.

Hier ist vielleicht schon ersichtlich, daß das Umgießen einer Idee in kompakte Form bisweilen dazu führen kann, daß sich die Idee zugunsten des dichten Spiels von Sprache und Klang zurückzuziehen beginnt. Das wäre durchaus in Becketts Sinn und läßt sich auch bei der fünften Maxime beobachten, die in der Chamfortschen Ursprungsversion folgendermaßen lautet: „La pensée console de tout et remédie a tout. Si quelquefois elle vous fait du mal, demandez-lui le remède du mal qu'elle vous a fait, elle vous le donnera.“ Zu deutsch: „Der Gedanke tröstet über alles hinweg und heilt von allem. Wenn er euch manchmal Unheil antut, so verlangt von ihm die Heilung des Unheils, welches es euch angetan, er wird euch diese bringen.“ In Becketts Kontraktion sind sämtliche Elemente dieses Satzdoppels enthalten, aber eben in extremer Verschränkung:

> Ask of all-healing, all-consoling thought
> Salve und solace for the woe it wrought.

Hier kann sich kein Leser mehr so sehr an die zum Ausdruck gebrachte Idee klammern, daß er das formale Spiel – hier vor allem das der alliterierenden Klänge – ignorieren könnte. Meine Eindeutschung kann da zugegebenermaßen nicht mithalten, auch wenn ich den Schlußreim gegen alle inhaltsgelenkten Einwände verteidigen möchte:

> Verlange vom allheilenden, alltröstenden Gedanken
> Trost und Balsam für das Unheil seiner Ranken.

Hatten wir es bisher nur mit Beckettschen Zweizeilern zu tun, so ändert sich das bei Chamforts sechster Maxime. Vielleicht liegt das daran, daß in dieser Maxime der Denk- noch andere, aufwendigere Tätigkeiten an die Seite treten: „L'espérance n'est qu'un charlatan qui nous trompe sans cesse; et, pour moi, le bonheur n'a commencé que lorsque je l'ai eu perdu. Je mettrais volontiers sur la porte du paradis le vers que le [sic] Dante a mis sur celle de l'enfer: Lasciate ogni speranza etc.“ Zu deutsch heißt das: „Die Hoffnung ist bloß ein Schwindler, der uns täuscht ohn Unterlaß; und für mich hat das Glück erst begonnen, als ich sie verlor. Ich möchte gerne an die Pforte zum Paradies den Vers anschlagen, den der Dante an derjenigen zum Inferno befestigt hat: Lasciate ogni speranza etc.“ Beckett drechselt daraus einen Vierzeiler, der nun tatsächlich kaum mehr macht, als die Vorlage gereimt nachzuformen:

> Hope is a knave befools us evermore,
> Which till I lost no happiness was mine.
> I strike from hell's to grave on heaven's door:
> All hope abandon ye who enter in.

Wo die extreme Kürze der vorherigen Maximen fehlt, müssen wir der Form der Idee schon im Detail nachspüren, wo wir beispielsweise sehen, daß Beckett sich den alliterativen Gleichschritt von „hell“ und „heaven“ und auch „hope“ zunutze macht. Genau das ist erfreulicherweise auch im Deutschen möglich:

Die Hoffnung ist ein Schurke, der narrt uns für und für,
Bis daß ich sie verlor, das Glück war niemals mein.
Vom Höllentor ich schlag's, schlag's an die Himmelstür:
All' Hoffnung lasse fahren, wer hier will treten ein.

Hier fehlt zugegebenermaßen doch die letzte Konzision.

Die bisher vorgestellten sechs Maximen in Becketts Abbreviatur erschienen alle im Dezember 1975 in der ersten Nummer einer italienischen Universitätszeitschrift. Im Jahr darauf, als Becketts englischer Verlag die *Collected Poems in English and French* zur Publikation vorbereitete, lieferte Beckett zu diesem Zweck zwei neue Maximen nach, die zeigen, daß er sein Verfahren noch weiter optimieren konnte. Zunächst widmet er sein Formvermögen dieser Chamfort-Maxime: „Vivre est une maladie dont le sommeil nous soulage toutes les seize heures. C'est un palliatif; la mort est le remède." Deutsch: „Das Leben ist eine Krankheit, von welcher der Schlaf uns alle sechzehn Stunden Linderung bringt. Das ist aber bloß ein Schmerzmittel; der Tod ist die Heilung." Beckett macht auch daraus wieder einen Vierzeiler, wobei jedoch die einzelnen Verszeilen extrem schrumpfen, so daß fast nur noch Klang übrigbleibt:

sleep till death
healeth
come ease
this life disease

Ins Deutsche läßt sich das folgendermaßen bringen:

Schlaf bis zum Tod
lindert Not
magst schwächen
dies Lebensgebrechen

Kommen wir zur achten und letzten Maxime, die schon bei Chamfort sehr kurz ist: „Que le coeur de l'homme est creux et plein d'ordure." Zu deutsch: „Wie das Herz des Menschen doch hohl und voller Unrat ist." Das läßt sich kaum noch weiter verkürzen – aber Beckett bringt es fertig, auch dieser Idee ihre Form zu finden:

how hollow heart and full
of filth thou art

Ist das nicht der krönende Abschluß – gewissermaßen keine Maxime mehr, sondern eine Minime? „Auf die Form kommt es an", hat Beckett gesagt, und der Zweizeiler, der mit „how" beginnt und mit „art" endet, zeigt mustergültig, wie die Kunst der Formung funktioniert, wenn sie funktioniert. Daß das im Deutschen nur unvollkommen nachzubilden ist, ist klar; mit zwei Tricks läßt sich immerhin eine doppelte Alliteration und ein hübscher Reim hinkriegen:

wie hohl mein Herz und mist-
verseucht du bist

Postskript

Inzwischen ist in Becketts deutschem Hausverlag unter dem Titel *Lang nach Chamfort* ein Bändchen erschienen, in dem die acht genannten Maximen Chamforts und ihre acht Minimierungen durch Beckett komplett abgedruckt und zudem in deutschen Übertragungen, die von Wolfgang Held stammen, präsentiert werden. Der Vergleich mit meinen vorstehend erläuterten Fassungen mag sich lohnen; zum Appetitmachen gebe ich hier preis, wie Held die Schlußmaxime eingedeutscht hat. Chamforts Original setzt er um als: „Wie ist das Menschenherz so hohl und voller Schmutz." Becketts Minimierung dieser Maxime kommt bei Held in folgender deutscher Gestalt daher:

Wie bist du hohl Herz und
von Unrat voll[3]

Postpostskript

Neben den acht hier vorstehend präsentierten und kommentierten Maximen hat Beckett seinerzeit noch sieben weitere aus Chamforts Schriften exzerpiert, jedoch aus unbekannten Gründen nicht übersetzt.[4] Diese von Beckett exzerpierten Textsplitter lauten in der von Beckett notierten Reihenfolge: 1. „La plus perdue des toutes les journées est celle où l'on n'a pas ri." (Wörtlich übersetzt: „Der verlorenste aller Tage ist derjenige, an dem man nicht gelacht hat.") 2. „Ce que j'ai appris, je ne le sais plus. Le peu que je sais encore, je l'ai deviné." (Wörtlich übersetzt: „Was ich gelernt habe, das weiß ich nicht mehr. Das wenige, was ich noch weiß, das habe ich geraten.") 3. „L'Écriture a dit que le commencement de la sagesse était

---

3 Samuel Beckett, *Lang nach Chamfort. Acht Maximen*, dreisprachig, üb. v. Wolfgang Held (Frankfurt a.M.: Insel 2003), S. 58 f. – Interessanterweise wird hier in der Titelei Beckett als alleiniger Autor der Maximen genannt, obwohl diese doch auch in Chamforts Originalfassungen abgedruckt sind; anfangs der 90er Jahre war mein Versuch, eigene Eindeutschungen ausgewählter Verknappungen Becketts zu publizieren, noch am Einspruch der Beckett-Nachlaßverwaltung gescheitert, die damals der Meinung war, da es sich nicht um originäre Beckett-Texte, sondern nur um Beckettsche Übersetzungen handele, dürften diese Texte auch nicht weiterübersetzt werden.

4 Becketts Exzerpt mit diesen sieben zusätzlichen Maximen hat sich erhalten und wird heute im Beckett-Archiv der Universitätsbibliothek von Reading als Manuskript „MM 2929" verwahrt, wie der irische Lyriker David Wheatley berichtet. Vgl. die Notiz bei David Wheatley, *Thirst* (Loughcrew: Gallery Press 1997), S. 77. Ich zitiere die Maximen in der von Beckett notierten französischen Textgestalt wie auch in Wheatleys englischer Übersetzung nach dem Abdruck unter dem Titel „Seven from Chamfort" ebd., S. 56 f.

la crainte de Dieu; moi, je vois que c'est la crainte des hommes." (Wörtlich übersetzt: „Die Schrift hat besagt, daß der Weisheit Anfang die Furcht des Herrn sei; ich aber sehe, daß es die Furcht der Menschen ist.") 4. „Il y a des redites pour l'oreille et pour l'esprit; il n'y en a point pour de coeur." (Wörtlich übersetzt: „Wiederholungen gibt es für das Ohr und für den Geist; es gibt sie nicht für das Herz.") 5. „L'enfer: 'l'endroit où il pue et où l'on n'aime point'." (Wörtlich übersetzt: „Die Hölle: ‚der Ort, wo es stinkt und wo man nicht liebt'.") 6. „Seule l'inutilité du premier déluge empêche Dieu d'en envoyer un second." (Wörtlich übersetzt: „Nur die Wirkungslosigkeit der ersten Sintflut hält Gott davon ab, eine zweite zu schicken.") 7. „En voyant les hommes il faut que le coeur se brise ou se bronze." (Wörtlich übersetzt: „Beim Anblick eines Menschen geschieht es, daß das Herz entweder zu Bruch geht oder zu Stein wird.")

Das von Beckett Versäumte hat David Wheatley – unter den jüngeren irischen Lyriker wohl derjenige, der am stärksten von Beckett beeinfluß ist – nachgeholt. In seinem Gedichtband *Thirst* gibt er zu diesen sieben Maximen Chamforts englische Fassungen, die darauf zielen, einen typisch Beckettschen Komprimierungsvorgang zu simulieren. Wheatleys Fassungen lauten:

1. count no day lost
   a laugh has cursed

2. all once known now lost unmourned
   bar what remains to be unlearned

3. Fear God, keep his laws and so be wise,
   avoiding those in whom his power lies.

4. Deaf ear, you've a second take;
   hearts you're on a single break.

5. hell reek
like home
all love
clean gone

6. Only how little effects the first one had
can have prevented God from repeating the flood.

7. heart that sees
break or freeze

Es fällt nicht schwer, hier den Beckettschen Einfluß zu erkennen – Wheatleys Umsetzungen der Maximen Chamforts sind unmißverständlich am Komprimierungsverfahren Becketts geschult und suchen deswegen für die sieben Maximen statt der von mir hilfsweise gegebenen wörtlichen Übersetzungen Entsprechungen zu finden, die den Sinngehalt wahren, aber in der sprachlichen Gestalt so knapp und prägnant wie möglich sind.

Ich möchte darauf verzichten, Wheatleys Fassungen ins Deutsche weiterzuübersetzen; wenn sie den Beckett-Bewunderer etwas zu lehren vermögen, dann wohl am ehesten, daß das Komprimieren und Kondensieren so ganz einfach wohl doch nicht zu bewerkstelligen ist und in der Tat einen Meister der sprachlichen Verknappung erfordert, wie Beckett es war. Wheatleys Fassungen sind zwar ambitioniert, können aber im Vergleich mit dem, was Beckett geschafft hat, nur enttäuschen – mich zumindest haben sie etwas enttäuscht, und deswegen unternehme ich nun den Versuch, für diese sieben Chamfort-Maximen englischsprachige Fassungen zu formen, die im Sinne der Beckettschen Verknappung und Idealformung noch etwas radikaler zu sein bestrebt sind:

1. laughterless
days make mess

2. knowledge gone
makes best fun

3. Godfear maketh wise?
manfear better lies!

4. unheard words may come again
heartbeats stopped will wait in vain

5. in hell it stinks
without love's links

6. had the first flood won God's game
maybe he'd repeat the same

7. seeing human beast
makes heart beat the least

Schön wäre es, könnte es von diesen Versuchen nun auch noch deutsche Fassungen geben; freilich möge man mir nachsehen, daß ich vor der kniffligen Arbeit der Selbstübersetzung zumindest in diesem Fall doch zurückschrecke!

Nachweise

„Weh dem Übersetzer, der deutet!“ wurde folgendem Band entnommen: Friedhelm Rathjen, *Triplin' Dublin. Nach- und Überträge zu James Joyce und Samuel Beckett* (Südwesthörn: Edition ReJoyce 2015). Dort in dieser Form Erstdruck; eine mit Billigung des Autors redaktionell gekürzte Fassung erschien u.d.T. „Die Integrität des Werks in seiner vielfältig deutbaren Offenheit“ in der von der Stiftung Kulturfonds der ProLitteris herausgegebenen *Gazzetta*, Ausgabe 53 (2013).

„Grips in der Birne“ wurde folgendem Band entnommen: Friedhelm Rathjen, *Quadratur des Kreises. Zum Übersetzen* (Scheeßel: Edition ReJoyce 2009). Geschrieben auf der Grundlage eines Vortrags, der am 23. Juni 2003 im Rahmen der Leipziger Übersetzertage auf Einladung des Vereins „Die Fähre“ gehalten wurde.

„Re: Joyce, germanlooking“ wurde folgendem Band entnommen: Friedhelm Rathjen, *Dritte Wege. Kontexte fürArno Schmidt und James Joyce* (Scheeßel: Edition ReJoyce 2005). Überarbeitete Zusammenschrift von: „Finnegans Wake plattgemacht“ aus *Konkret* 8 (August 1993); „Primitiver Spiel – nicht von James Joyce“ aus der *Basler Zeitung* vom 1. September 1993; „Quadratur des Kreises“ (Vortrag vor den Bücherwürmern in Lana, Südtirol) aus *Griffel. Magazin für Literatur und Kritik* 1 (Juni 1995). Die englische Urversion von „Quadratur des Kreises“ (Vortrag an der Universität Antwerpen, November 1992) erschien als „Sprakin Sea Djoytsch?“ im *James Joyce Quarterly* 36.3 (Spring 1999).

„Dubliner Zentralklosett“ und „Komm hervor, Chamfort!“ wurden folgendem Band entnommen: Friedhelm Rathjen, *weder noch. Aufsätze zu Samuel Beckett* (Scheeßel: Edition ReJoyce 2005). Erstdruck von „Dubliner Zentralklosett“ in *die horen. Zeitschrift für Literatur, Kunst und Kritik* 168 (Oktober-Dezember 1992); auch abgedruckt in Rathjen, *Quadratur des*

Kreises. Erstdruck des Hauptteils von „Komm hervor, Chamfort!“ in *Griffel. Magazin für Literatur und Kritik* 7 (Juni 1998); Post- und Postpostskript wurden für den Wiederabdruck in *weder noch* geschrieben.

rejoyce pocket
Die Taschenbuchreihe in der Edition ReJoyce

Friedhelm Rathjen:
Poe Cooper Thoreau Twain
Drei Studien zu Arno Schmidt und der amerikanischen Literatur des 19. Jahrhunderts
ISBN 978-3-00-055813-9, 10,- €
Arno Schmidt hat gern und heftig gegen Amerika und die amerikanische Literatur polemisiert, doch zu seinen Lieblingsautoren zählte er seit frühen Jahren zwei Amerikaner, nämlich James Fenimore Cooper und Edgar Allan Poe, und Mark Twain, den er ebenfalls früh las, ließ er späterhin die Ehre zuteil werden, daß er ihn für den Vorspruch seines eigenen Romans *Kaff auch Mare Crisium* beklaute. Mit Schmidts Rezeption der drei genannten Autoren beschäftigen sich die Studien des vorliegenden Bandes; außerdem wird der sehr fruchtbare Versuch unternommen, das klassische Aussteigerbuch *Walden* von Henry David Thoreau parallel zu Schmidts Kurzroman „Schwarze Spiegel" zu lesen.

Friedhelm Rathjen:
Der koloniale Blick
Vier Studien zu Arno Schmidt im Spannungsfeld zwischen Seßhaftigkeit und Fremde
ISBN 978-3-947261-00-0, 10,- €
Der Erzähler von Arno Schmidts Robinsonade „Schwarze Spiegel" erklärt, ihn habe „das Leben aus einem Pedanten zum Vaganten gemacht; nicht ohne daß sichs manchmal noch wunderlich genug mischt." Dem entspricht in Schmidts Gesamtwerk ein durchgängiges Spannungsverhältnis zwischen Seßhaftigkeit und Fremde. Schmidts Figuren leiden an verlorener Heimat und suchen ein ihnen gemäßes neues Zuhause, doch gleichzeitig träumen sie von fernen und fremden Welten, die sie in ihrer Phantasie durchstreifen, bevorzugt unter Anleitung von Stoffen aus der Literatur. Wie sie mit den Klischees einer romantisierenden Exotik, aber auch mit rassistischen Versuchungen umgehen, arbeiten die Studien dieses Bandes heraus.

Friedhelm Rathjen:
Der vernetzte Text
Zehn Studien und Miszellen zum *Ulysses* von James Joyce
ISBN 978-3-947261-03-1, 10,- €
Der *Ulysses* von James Joyce gilt aus gutem Grund als größte literarische Leistung des 20. Jahrhunderts. Im Gefüge dieses Romans hängt prinzipiell alles mit allem zusammen, selbst die losen Enden sind mit Raffinesse komponiert und inszeniert. Die Beiträge des Bandes *Der vernetzte Text* gehen beispielhaft einigen ausgewählten Aspekten der Quervernetzung nach. In den Blick genommen werden: die Einführung einer neuen Erzähltechnik, nämlich des inneren Monologs; die Spuren des Eschenstocks von Stephen Dedalus; die Fingernägel von Leopold Bloom; die Tierwelt des Romans; Themen und Figuren der Literaturszene Dublins um 1904; schließlich die Odyssee-Analogien in der Bibliotheksepisode des *Ulysses*.

rejoyce pocket
Die Taschenbuchreihe in der Edition ReJoyce

Friedhelm Rathjen:
Blake Borrow O'Brien
Zwei Quellenstudien zu Arno Schmidts Erzählung „Die Wasserstraße"
ISBN ISBN 978-3-947261-06-2, 10,- €
Die ländlichen Erzählungen, die Arno Schmidt in der ersten Hälfte der 60er Jahre schrieb und in dem Band *Kühe in Halbtrauer* veröffentlichte, sind weit mehr als Handübungen für die sich anschließende Arbeit am Großwerk *Zettel's Traum*, dessen Techniken sie vorwegnehmen. Viele Leser schätzen diese kompakten, aber vielfach rätselhaften Erzählungen als geheimen Höhepunkt der Erzählkunst Arno Schmidts. Hier eignet er sich erstmals Elemente der Sprachkunst des späten Joyce an und unterfüttert sie mit Modellen der Psychoanalyse Freuds; hinzu kommen untergründige Strukturierungsweisen, die Schmidt dem von ihm als „Kirchenvater aller modernen Literatur" ausgemachten Lewis Carroll abschaut. Zu welcher sprachlich-literarischen Virtuosität Schmidt durch diese Impulse gelangt, zeigt sich beispielhaft an der Erzählung „Die Wasserstraße", einem Gang zu den Quellen nicht nur auf der Handlungsebene, sondern auch im Gewebe der Textur. In zwei Studien führt Friedhelm Rathjen vor, welche Einsichten ins Innenleben des Textes sich aus der Verfolgung nur scheinbar isolierter Zitatsplitter (hier speziell aus der englischsprachigen Literatur) ergeben.

Friedhelm Rathjen:
Nennt mich Ishmael
Sieben Aufsätze und Miszellen zu Leben und Werk von Herman Melville
ISBN 978-3-947261-10-9, 10,- €
Den Anspruch, die Tragödienkunst Shakespeares und Goethes auf die Lebenswelt seiner Zeit zu übertragen, löst Herman Melville mit *Moby-Dick; oder: der Wal* ein, dem ersten genuin amerikanischen Meisterwerk der Literatur. Als solches ist es seiner Zeit allerdings so sehr voraus, daß die Publikation Melville einen Karriereknick beschert, von dem er sich nie erholt. Der Band *Nennt mich Ishmael* versammelt Arbeiten zur Biographie, vor allem aber zum Werk Melvilles mit dem *Moby-Dick* im Zentrum. Friedhelm Rathjen betrachtet diesen Roman als vorweggenommenes Werk der literarischen Moderne, analysiert ihn als gebrochene Weltbewältigung im Sinne eines Joyce und eines Beckett und erläutert, warum er ihn auch als solche übersetzt hat..

Friedhelm Rathjen:
Aus den Roßbreiten
Drei Studien zu Arno Schmidts Roman *Die Gelehrtenrepublik*
ISBN 978-3-947261-12-3, 10,- €
In den drei Studien zeichnet Friedhelm Rathjen zunächst die Entstehung von Schmidts Roman minutiös nach („The Making of *Gelehrtenrepublik*"), bevor er über die Analyse der Art und Weise, wie Schmidt Impulse zweier von ihm übersetzter Bücher aufnimmt und variiert, zu einer Deutung des Romans gelangt, die die Frage des Menschseins in den Mittelpunkt stellt.